レジーム・チェンジ

恐慌を突破する逆転の発想

中野剛志 Nakano Takeshi

NHK出版新書
373

レジーム・チェンジ——恐慌を突破する逆転の発想　目次

＊本書掲載のＵＲＬは二〇一二年二月現在のものです。

序章　なぜレジーム・チェンジが必要なのか？

世界の転換点――二〇一二年

二〇一二年は、世界の歴史に残る年になるかもしれません。

なぜなら、世界各国で一斉に、政治指導者が交代する可能性があるからです。たとえばロシア、フランス、アメリカ、韓国で大統領選挙が行われます。中国でも指導者の交代が予定されています。欧州債務危機の渦中にあるギリシャでも国民議会選挙が行われます。エジプトでもムバラク政権崩壊後の初の大統領選挙が行われることとなっています。そして日本でも、選挙を見越した政局の動きが活発化しています。

しかも、単に世界中で選挙が続くというだけではありません。二〇〇八年のリーマン・ショックに端を発する世界金融危機は「一〇〇年に一度の危機」とも言われており、資本主義のあり方そのものが問い直されているのです。〇八年以降、世界は大不況に突入し、欧州債務危機の深刻化、中国の経済成長の鈍化《どんか》、中東・北アフリカ情勢の不安定化など、さまざまな政治的・経済的リスクが顕在化しています。まさに一九三〇年代の世界恐慌以来のグローバルな恐慌に突入する危険性をはらんでいると言ってもよいでしょう。

こうした不安定な情勢下で選挙が行われると、それは単なる政権交代にとどまらず、政治や経済の体制（レジーム）が崩壊するという事態が引き起こされるかもしれません。二〇一二年は、まさにそういう危機の時代の幕開けとなるのではないでしょうか。

しかし、ここで言う「危機」とは、体制崩壊のことではありません。**これまで支配的だったレジームがすでに機能不全に陥っているのに、その代わりとなる新たなレジームがいまだに成立していない。この状況こそが深刻なのです。**こうした事態においては、旧《ふる》いレジームをそのままにして個別の政策を打ち出しても、危機を克服することはできません。**レジームそのものを変えなければならないのです。**そして、これまでとは全く違うレジームへと転換することに成功した国は危機を克服し、反対に失敗した国は衰退の一途をたどっていく。政治がどうレジームを変えるのかが、その国の運命を決定づける。世界は、そういう時代に入っているのです。

この危機の時代において、一国の興廃を決する体制の大転換（「レジーム・チェンジ」）をいかにして成し遂げるべきか。これが本書のテーマです。

デフレに苦しむ日本

とりわけ日本は、他国に先んじてレジーム・チェンジを成し遂げる必要があります。なぜなら、すでに日本は、二〇年にも及ぶ深刻な不況から抜け出せないままに、この世界的な経済危機を迎えているからです。

一九九〇年代初頭に、いわゆるバブル経済が崩壊し、日本は不況に突入しました。それ以来、政権はめまぐるしく交代し、さまざまな経済政策が実行されてきました。経済学者や経済評論家たちは、好き放題と言っていいほど、日本経済のあり方や行く末について論じ、いろいろな処方箋を書いてきました。時には、世論の熱狂的な支持を受けて成立した政権が、産業や金融や税財政だけでなく、政治、行政、教育、地方制度に至るまで、あらゆるシステムの抜本的な改革に取り組んできました。

しかし、経済は一向に健全化しません。それどころか、日本の国力は衰退の一途をたどっています。ついに、生まれてから一度も本格的な好景気を知らない世代が成人することになってしまいました。特に、一九九八年から現在に至るまで、日本は、物価が数年間にわたって持続的に下落する「デフレ（デフレーション）」という状態に突入しており、デフレから抜けられなくなっています。二〇一二年一月には、二〇一一年の全国消費者物価指数が三年連続でマイナスになったと発表されました。

一〇年以上もデフレにあると、もはやデフレが当たり前のように思われるかもしれません。しかし、実は、第二次世界大戦後から現在の世界大不況までの間、デフレを経験した国は、これまでのところ、日本しかないのです。

戦前にも、デフレという現象はありました。典型的なデフレは、一九三〇年代の世界恐慌です。世界恐慌は、一九二九年のニューヨーク株式市場の暴落をきっかけにアメリカで発生し、世界中に広まり、深刻な経済危機を引き起こしました。世界恐慌は、第二次世界大戦の経済的な原因のひとつとも言えます。

戦後、世界恐慌が世界大戦にまでつながったという悲劇を繰り返さないため、デフレは二度と起こすまいというのが、経済政策担当者や経済学者たちのコンセンサスとなりました。このため、戦後は、各国ともインフレ（インフレーション）には悩みましたし、しばしば不況にもなりましたが、デフレだけは経験することはありませんでした。どの国も、デフレにならないように経済運営を心掛けたからです。

ところが、一九九八年に日本はデフレに陥ってしまいました。しかもアメリカでは、あの世界恐慌の時ですら、物価の下落は一九二九年から四年ほどで止まっているというのに、日本では、もう一〇年以上も物価の下落が止まっていない。そういう意味では、日本のデフレは、世界恐慌よりも深刻であると言えるでしょう。

これは、相当な異常事態です。デフレ回避は、戦後の政策担当者や経済学者の常識であったにもかかわらず、これまで日本だけがデフレに苦しんできたのです。これは、言い換えれば、わが国の経済政策担当者や経済学者の大半が、経済政策上の常識すら身につけていなかったということです。もっとはっきり言えば、デフレという不名誉な実績は、日本の経済政策に影響を与えるエリートたち――政治家、経済官僚、経済学者、財界のリーダーたち、マスメディアの論説――のレベルが、いかに低いかを示しているということです。彼らは、どうやってデフレを克服するのかを知らないどころか、なぜデフレを克服しなければならないのかも分かっておらず、さらにはデフレとは何かすら理解していないのです。

消費増税という暴挙

その証拠として、直近の一例を挙げれば、野田佳彦内閣が掲げた消費税の増税をめぐる議論があります。消費税の増税について、反対派は「不況の時の増税は景気をさらに悪化させる」と主張しています。これに対して、賛成派の政治家や経済学者たちのなかには「日本経済は成熟化し、少子高齢化が進むなかで、かつてのような経済成長は見込めない。不況だから増税できないなどと言っていたら、いつまで経っても増税はできない」と反論する人たちがいます。

たしかに増税賛成派の言うように、日本はかつてのような高度経済成長を望むことは難しいでしょう。しかし、戦後、少子高齢化社会や低成長経済の国はいくつもありますが、デフレになったのは日本だけなのです。低成長あるいは不況と、デフレ不況とは別物なのです。デフレは、避けられない運命のようなものでは決してありません。デフレが当たり前だと感じたり、仕方のない現象だと諦《あきら》めてはいけないのです。

そして、結論を先取りすれば、デフレ不況下における消費税の増税は、ただでさえ縮小している消費需要を圧迫し、確実にデフレを深刻化させます。増税賛成派は、デフレを単なる不景気と誤認しており、デフレが絶対に避けなければならない異常事態であることを理解していません。

さらに問題なことに、あの世界恐慌以来と言われる世界金融危機が二〇〇八年に勃発し、それ以降、今日に至るまで、世界中がデフレの危機に直面することとなってしまいました。今後、日本に続いてデフレに突入する国が出てきても、全くおかしくはない状況です。

日本は、すでにデフレに一〇年以上も苦しんでいる上に、世界デフレの危機の直撃を受けてしまったのです。そのようななかで消費税の増税が行われたら、日本は、大変に危険な状況に陥ることは間違いありません。日本の経済政策上の最大かつ最優先の課題は、間違いなくデフレからの脱却です。私たちは、**財政ではなく、経済を健全化しなければならない**のです。

政治家、産業界、経済学者、マスメディアは、「問題を先送りしてはならない」という台詞《せりふ》を好みます。消費税の増税も、財政再建や社会保障財源の確保といった「問題」を先送りしてはならないということで、正当化されています。しかし、先送りしてはならない真の問題は、一〇年以上も放置されているデフレの克服なのです。

本書の目的は、日本の最優先課題であるデフレからの脱却について、その方策を**できる**

だけ分かりやすく明らかにすることです。

「できるだけ分かりやすく」という点に、私は重要な意味を込めているつもりです。というのも、デフレによって、われわれ国民の生活が脅《おびや》かされているにもかかわらず、日本の経済政策を決定するエリートたちがデフレを放置している以上、国民一般から声を挙げ、デフレ脱却に向けた政策の転換を求めていくしかないからです。

そのために、本書は、経済学の専門家や経済政策の担当者でなくても、デフレのメカニズムとその対策を理解できるように、極力、専門用語を使わずに、噛《か》み砕いて説明することを心掛けました。本書を通じて、できるだけ多くの人々がデフレの問題とその対処法を理解すれば、世論が変わり、民主主義の手続きにのっとって、政治を動かし、デフレ脱却に向けた政策へと転換できないとも限りません。というか、そうするしかないのです。

その意味で、私は、**経済を理解するための解説書であると同時に、政治に参加するための手引書**となることを志して、本書を書いています。

デフレは構造改革とともに始まった

日本は、なぜデフレに陥り、そして抜け出せないのでしょうか。そして、なぜ、戦後、日本だけがデフレに陥ってしまったのでしょうか。

まず、その遠因が、一九九〇年代初頭のバブルの崩壊であることは言うまでもありません。平成不況の始まりです。

この平成不況を受けて、九〇年代前半から二〇〇〇年代前半にかけて進められた経済政策が、「構造改革」でした。

その構造改革の背景にある理念は、「新自由主義」と呼ばれるものです。新自由主義とは、ごく単純化して言えば、「自由市場こそが、経済厚生を増大する最良の手段である」という信念の下、自由市場を有効に働かせるために、国家の経済介入をできるだけ排除し、経済活動の自由を最大限尊重するというイデオロギーです。

新自由主義は、「小さな政府」「民営化」「規制緩和」「自由化」「グローバル化」といった主張を特徴としています。構造改革とは、この新自由主義に基づいて、経済や財政のみならず、政治、行政、教育など、あらゆる分野を抜本的に変革することを目指した運動なのです。

構造改革は、九三年頃から強く主張されるようになり、橋本龍太郎内閣（一九九六～九八）時に加速化し、小泉純一郎内閣（二〇〇一～〇六）において頂点に達し、現在でも大きな影響力を維持しています。ここ二〇年ほど、一般に「改革」と言えば、この新自由主義的な構造改革を指していると言っても過言ではありません。

しかし、日本のデフレは、この構造改革を加速化した橋本政権時の九八年に始まり、今日まで続いています。構造改革と日本のデフレは、ほぼ時期を同じくしているのです。とりわけ、日本は九八年にデフレに突入しましたが、それは橋本内閣における財政構造改革、すなわち消費増税と財政支出の削減に端を発しています。**構造改革は、デフレの克服に貢献しなかったどころか、デフレの原因ですらあったのです。**

新自由主義はインフレ対策だった

そもそも、思い返すに、一九九〇年代初頭、構造改革論が登場した背景には、英米の新自由主義を見習おうという動機が強く働いていました。八〇年代の日本経済が絶好調であったのに対し、英米の経済は不況にあえいでいました。しかし、九〇年代初頭に日本がバブルの崩壊によって不況に陥った一方で、英米では景気が上向きになっていきました。

八〇年代初頭、アメリカのレーガン大統領やイギリスのサッチャー首相は、新自由主義に基づく政策を推し進めました。こうしたことから、バブル崩壊後の日本では、新自由主義的な改革こそが、英米の経済を復活させたのだという認識が広まりました。このため、「日本が不況に陥ったのは、市場の機能を損なうような悪しき経済構造が存在するからである。日本も、サッチャーやレーガンのように新自由主義的な改革を断行すべきだ」という構造改革論が台頭するようになったのです。

しかし、奇妙なことがあります。八〇年代初頭、アメリカやイギリスが直面していた経済の問題とは、デフレではなく、悪性のインフレでした。両国は、物価の下落ではなく上昇に苦しんでいたのです。レーガンやサッチャーが断行した新自由主義的な改革とは、インフレを退治するための処方箋でした。いわば、**インフレを終息させるために、あえて人為的にデフレを起こすというのが、新自由主義的な改革の要諦《ようてい》だった**のです。

ところが、九〇年代初頭のバブル崩壊によって日本が直面した問題は、極端な資産価格の暴落でした。それゆえ、日本は、世界恐慌をもたらした一九二九年の株式市場の暴落や、二〇〇七年のサブプライム危機のように、資産市場の崩壊の後に来るデフレを警戒しなければならなかったはずです。

当時の日本は、レーガン政権やサッチャー政権が直面していたインフレとは全く反対の、デフレを克服するための対策を講じなければならなかったのです。にもかかわらず、日本は、レーガン政権やサッチャー政権の新自由主義を見本に、構造改革を推進しました。デフレに転落しようというまさにその時に、インフレ退治のために人為的にデフレを引き起こそうという政策を実行してしまったのです。しかも、それを一〇年以上も続けた。これでは、日本経済が構造改革とともに深刻なデフレに陥り、そこから抜け出せなくなったのも、当然です。

政策レジームとは何か

一九三〇年代の世界恐慌は、深刻なデフレ不況でした。したがって、当時のアメリカが世界恐慌からどのようにして脱出したのかを振り返ることが、デフレを克服する上で重要です。

アメリカの経済学者ピーター・テミンは、「**政策レジーム**」という概念を用いて、世界恐慌というデフレからの脱出過程を分析しています[*1]。

「政策レジーム」とは、**政府や中央銀行といった政策当局が実施する政策の大系**を指します。政策当局は、政策レジームの枠組みのなかで個別の施策を実施する。人々は、個別の施策というよりは、この政策レジームに反応して行動する。これによって、個別の施策はその効果を発揮するのです。

もし、政策レジームから逸脱した施策が実施された場合、人々はその施策を例外と考えて反応しません。このため、政策レジームから逸脱した個別の施策は、ほとんど効果を発揮しないのです。

したがって、もし人々の行動を大きく変えようとするなら、政策レジーム自体を大きく変更しなければなりません。一部の施策を変えるだけでは不十分で、全体の体系を大きく転換して、人々に政策レジームが新しくなったと信じ込ませなければならないのです。

テミンによれば、一九二九年のニューヨーク株式市場の暴落で金融危機が発生した際、当時のフーヴァー大統領は、デフレを志向する従来の政策レジームを頑《かたく》なに維持しました。このため、金融危機が悪化し、深刻なデフレ不況へと突入しました。これに対して、フーヴァーを引き継いだルーズヴェルト大統領は「ニューディール政策」という一連の新しい経済政策を実行し、デフレ脱却に向けた政策レジームへの大転換を行いました。その結果、人々は、ニューディールの政策レジームに反応し、インフレを期待して行動するようになり、アメリカ経済は恐慌からの脱出に成功したのです。

このテミンの世界恐慌の分析から言えることは、デフレを克服するためには、個別の施策の実行ではなく、もっと全般的・大々的な政策レジームの転換が必要だということです。すなわち、**インフレの抑制を目指す「デフレ・レジーム」から、デフレから脱却するための「インフレ・レジーム」へと、ありとあらゆる経済政策の向きを一斉に反転させる**ということです。

もはや単発の改革では効果なし

この「政策レジーム」の分析を、日本のデフレ不況に当てはめるなら、次のように言えるでしょう。

日本は、バブル崩壊後に、構造改革を推し進めました。構造改革とは、たとえば橋本内閣が「六大改革」（行政、財政、経済構造、金融システム、社会保障、教育）を提唱したように、**トータルな政策の大系**であり、まさに「政策レジーム」と呼ぶにふさわしいものでした。

しかし、繰り返しになりますが、その構造改革の政策レジームとは、アメリカやイギリスがインフレ退治のために採用した新自由主義的な改革と同じたぐいの「デフレ・レジーム」でした。[*2] このため、日本は、当然の帰結としてデフレに突入しました。まさに、フーヴァー大統領と同じミスを犯したのです。しかも、日本の場合は、その後もデフレ・レジームを変更しようとはしませんでした。二〇一二年に至ってもなお、日本はデフレ・レジームを維持し続けています。野田内閣が提唱している消費税の増税は、九八年にデフレを引き起こした橋本内閣の政策レジームと合致するものです。

これまでの二〇年間、日本では政治家、経済学者や評論家、あるいは財界のリーダーたちがいろいろな奇手奇策を提言し、政府もまた、まるで実験でもするかのように、さまざまな経済政策や改革を実行してきましたが、それでも不況から脱出することはできません。それもそのはずです。提案され、実行される改革が軒並み、デフレ・レジームと合致するものだからです。デフレ・レジームの枠組みのなかでどんな施策を講じようとも、デフレから脱却できるはずがありません。

また、仮に正しいデフレ対策を単発で実施したとしても、デフレ・レジームが堅持《けんじ》されているままでは、効果はほとんどありません。デフレ・レジームそれ自体を転換しない限り、デフレの袋小路から抜けることは不可能なのです。

日本には、長きにわたるデフレ不況で、閉塞感《へいそく》が蔓延《まんえん》していると言われます。どんな政治家に政権運営を任せようが、どんな政策を講じようが、一向にデフレ不況から脱出できないので、人々は閉塞感を覚えているのでしょう。しかし、この閉塞感こそ、デフレ・レジームの呪縛によるものなのです。閉塞感を打破したければ、このデフレ・レジームの呪縛そのものを打破し、新たな政策レジームを打ち立てなければなりません。

エリートの限界

政治家、経済官僚、日銀の幹部、経済学者、財界のトップ、マスメディアなど、日本の経済政策を決定しているエリートたちは、なぜ、長期にわたってデフレを放置しているのでしょうか。

それは、現在、日本の経済政策を動かしているエリートたちもまた、デフレ・レジームの支配下にあるからです。もっとはっきり言えば、**彼らはデフレ・レジームの枠組みのなかで認められた「エリート」に過ぎません**。社会主義国家の下では、エリートは社会主義者に決まっていますが、それと同じことです。デフレ・レジームにのっとった意見の持ち主が支配的な地位を占め、デフレ・レジームに逆らった者は、政策決定の過程から排除されるのです。しかし、犯罪集団の幹部に法令順守《じゅんしゅ》を求めるのが無駄であるように、デフレ・レジームのなかで認められたエリートに、デフレ脱却策を期待できるわけがないでしょう。

「政策通」と言われる政治家や「改革派」と呼ばれる官僚がいますが、彼らもしょせん、デフレ・レジームのなかで認められた「政策通」「改革派」に過ぎません。したがって、彼らが提唱する政策も改革も、結局のところ、デフレを促進するものばかりとなっています。

また、単に現在のエリートたちを追放して、別のエリートたちと差し替えたとしても、デフレ・レジームそれ自体が維持されている限り、問題の解決にはなりません。デフレ・レジーム内での政権交代は、いくらやっても無意味なのです。誰が首相であるか、どの政党が与党であるか、行政システムがどうであるかが問題なのではなく、国全体を呪縛しているデフレ・レジームが問題なのです。

今、世界は、世界恐慌以来とも言われる大デフレ不況の危機に直面しています。冒頭でも述べたように、世界経済全体が政策レジームを大きく転換しなければならない状態になっています。このような危険な状況にあるなかで、日本はなおデフレ・レジームにとらわれ、過去二〇年と同じ過《あやま》ちを繰り返そうとしている。これは、大変に深刻な状況です。私たちは、一刻も早く、デフレ・レジームの呪縛から逃れ、新たなレジームへの大転換をはからなければなりません。

そこで、本書では、**デフレ・レジームに代わる新たな政策レジーム**を提示していきます。本書が提示する新たな政策レジームについては、強い違和感を覚える読者が少なくないのではないかと思います。しかし、その強い違和感こそが、デフレ・レジームの呪縛の強さを物語っていると言えるでしょう。今の日本では、実は、デフレ・レジームのなかで高く評価される意見の方が、かえって問題なのです。

物理学者アルバート・アインシュタインは、「問題を発生させたのと同じ考え方では、その問題を解決することはできない」と言いました。**二〇年に及ぶ長期不況からの脱出の答えは、これまで間違いとされてきたことのなかにこそある。**読者の方々には、そう考えて本書をお読みいただければと思います。

本書の方法

先ほど宣言したとおり、本書はできるだけ分かりやすく説明することを心がけています。しかし、そのことは、本書の議論が単純であるということを意味しません。なぜなら、デフレとは、単に物価が下がるという経済現象にとどまらず、産業に悪影響を及ぼし、資本主義をおかしくし、社会を崩壊させ、政治を劣化させるという複合的な危機だからです。

したがって、デフレを解明するためには、経済だけではなく、社会や政治、ひいては人間というものに対する理解がなければなりません。ましてデフレを解決しようとするならば、社会科学の全般にわたる理解に加えて、歴史に関する知識、そして実践的な判断力もまた、求められることになります。デフレとは、単に経済学の知識があるだけでは、理解も解決もできない難問です。デフレがこれまで放置されてきた理由も、その辺にありそうです。

しかし、幸いなことに、デフレに関して深く洞察し、その解決策を示した理論家たちや、実際に解決してみせた実践家たちがいます。そのなかには、マリナー・S・エクルズ、ジョン・メイナード・ケインズ、カール・ポランニー、ハイマン・ミンスキーが含まれます。彼らはいずれも、主流派の理論や通俗観念にとらわれずに現実の経済を観察して実践的な結論を導き出し、「デフレ・レジーム」の支配に反逆し、新たな政策レジームへの転換の道を拓《ひら》いたのです。私は、こうした優れた先人たちの業績から多くを学び、そのエッセンスを本書につぎ込みました。また、デフレという複雑な現象を解明するため、マクロ経済学のみならず、制度経済学、政治経済学、社会学、政治学、歴史の知見と現実社会の観察、そして実践感覚を総合的に動員しています。

本書の構成

本書の展開をあらかじめ述べておきましょう。

第一章では、デフレとは何かを明確にしていきます。日本がデフレから脱却できないのは、そもそもデフレの持つ意味が正確に理解されていないからです。

デフレとは、物価が下落し続け、貨幣価値が上昇し続けるために投資や融資が行われなくなり、資本主義が機能不全に陥るというきわめて異常な現象です。それは、単なる景気循環に伴う不況とは異なり、底を打つということがありません。どうしてそうなるのか、そして、デフレをもたらす要因が何であるのかを、さまざまな側面から検討していきます。

第二章では、デフレがどのような弊害をもたらすのかを明らかにします。デフレは、失業を増やすのみならず、国民経済の潜在能力を低下させ、経済のみならず社会を破壊し、政治をおかしくします。デフレとは、政治が責任をもって根絶しなければならない恐ろしい病理なのです。

第三章では、そのデフレを引き起こす政策レジームである「デフレ・レジーム」の正体を明らかにします。日本がこれまで経済政策の基本路線としてきた構造改革は、デフレ・

レジームの最たるものでした。特に公共投資の削減は、デフレを悪化させる決定的な要因でした。本章では、このデフレ・レジームの背景に、経済から政治を排除しようとする「非政治化」の戦略があることを明らかにします。同時に、アメリカのデフレ・レジームが、金融資本主義を生み出していった過程についても論じます。デフレ・レジームとは、単にデフレを引き起こすだけではなく、資本主義の形すらも不健全なものへと変形してしまうのです。

第四章では、いよいよデフレを克服するための政策レジームの転換について述べ、ミンスキーの理論に依拠しつつ、金融政策と財政政策の意義を明らかにします。また、財政政策に関して必ず指摘される財政赤字の問題についても議論します。加えて、デフレ対策として、近年、提唱されている「インフレ・ターゲティング（インフレ目標）」政策の是非についても、あわせて検討します。

第五章では、これまでの議論をまとめ、政策レジームを転換した後の資本主義のあり方を素描します。そして最後に、一九三〇年代の世界恐慌時に、実際に行われた政策レジームの転換に大きく貢献したマリナー・エクルズの業績を振り返り、政策レジームの転換には何が必要なのかを探っていきたいと思います。

注

＊1　テミンは、「政策レジーム」という概念を、アメリカの経済学者トーマス・J・サージェントの理論から引いてきています。ただし、テミンは、この概念をサージェントよりはるかに広い意味で用いています。サージェントの言う「政策レジーム」は、もっぱら金融政策に関するものですが、テミンの「政策レジーム」は、あらゆる経済政策を含んでいます。本書における「政策レジーム」の概念も、ほぼテミンに従っています。

＊2　厳密に言えば、新自由主義は、増税ではなく減税による民間活力の活性化を是とするので、消費税の増税を志向する財政構造改革とは必ずしも一致しません。現に、新自由主義に忠実な論者たちは、野田内閣の増税路線を批判しています。ただし、財政健全化（財政赤字の削減）と小さな政府を目指すという点では、新自由主義者と財政構造改革論者は一致しています。そして、第三章で明らかにするように、財政健全化や小さな政府といった路線は、デフレ・レジームと整合的なのです。

第一章　何が恐慌を引き起こすのか？

——デフレのメカニズム

1 「債務デフレ」と「コスト・プッシュのインフレ」

物価が下がって何が悪いのか?

あらためて、デフレとは何かと言えば、一般的には、**物価が一定期間にわたって持続的に下落する現象**と定義されます。反対に、物価が一定期間にわたって持続的に上昇する現象は、インフレと言われます。

物価は、国民経済全体で、需要(消費と投資)が不足し、供給が過剰である場合は、下がります。物価がずっと下落していくということは、「需要不足/供給過剰」の状態が慢性的に続いているということになります。現在、日本はデフレですが、供給に対して不足する需要の規模、いわゆる「**デフレ・ギャップ**」は、二〇兆円から三〇兆円と推計されています。

さて、物価が持続的に下がるということは、同じお金で買える物が増えるということですから、貨幣の価値が上がるということです。デフレとは、貨幣価値が持続的に上昇することとも言い換えられます。

なお、インフレとは、貨幣価値が持続的に下落する現象です。インフレはデフレの反対の現象ですから、言うまでもなく、「需要過剰／供給不足」が慢性的に続いている状態です。ちなみに、ハイパーインフレとは、貨幣価値が下落しすぎて信用を失い、紙幣が単なる紙切れと化すほどにひどいインフレのことです。

ハイパーインフレの例から分かるように、貨幣価値の下落は、お金の意味を次第に失わせることなので、過度のインフレが問題であることは、直感的に明らかだろうと思います。

では、貨幣価値が持続的に上昇するデフレは、なぜ、問題なのでしょうか。

それは、貨幣価値の持続的な上昇（＝物価の持続的な下落）が、生産活動や雇用あるいは消費という実体経済に悪影響を与えるからです。もし、貨幣の価値が、生産や雇用に何ら影響を与えないのならば、デフレは、単に物価が下がったというだけで、特に問題ではないはずです。しかし、実際には、物価の持続的な下落は、投資や消費を抑制し、雇用に悪影響を与え、深刻な不況をもたらすのです。

デフレが、生産活動の停滞や雇用の悪化をもたらすメカニズムについては、いろいろ言われており、そのなかには正しいものと間違ったものとがあると思われますが、私は、次に紹介するようなメカニズムが、デフレを理解する上での基本になるのではないかと思います。

それは、二〇世紀前半のアメリカの経済学者であるアーヴィング・フィッシャーが唱えた**「債務デフレ」**というメカニズムです。

債務デフレ——不況が底なしに続く理由

「債務デフレ」とは、要約すれば、次のような考え方です。

企業は、一般的に銀行からお金を借りて投資を行います。しかし、デフレ経済においては、お金の価値が上昇していく過程にあります。それは、今、銀行から融資を受けると、将来、返済するときには、貨幣価値が今よりも上がっているために、返済の負担が重くなっているということを意味します。そこで、多くの企業が「今、銀行からの融資を受けて新規の投資をすることは得策ではない」と考えるようになる。それどころか、企業は、すでに負っている債務をできるだけ早く返済しようとするでしょう。貨幣価値が上昇していくデフレ経済下では、負債はどんどん重くなってしまうからです。企業は、借金を返済するために、支出をできるだけ切り詰めようとします。その結果、国民経済全体で、投資が減退していきます。

企業の投資だけではありません。消費者の消費についても、同じ現象が発生します。消費者は、住宅や自動車など、大型の支出については、ローンを組みます。しかし、デフレ経済下では、ローンの返済の負担は重くなっていきます。そこで、消費者はローンを組むことに怖じ気づき、住宅や自動車の購入を手控えるようになります。

最近、若者の自動車離れということがよく話題になりますが、それは最近の若者の性格が内向きになって、クルマで遠出をしなくなったからというよりは、単純にデフレなので、ローンを組んで自動車を買うことができなくなったからでしょう。今、大型の支出をしたり、借金を負ったりするよりも、支出をできるだけ切り詰めて、むしろ貯金をした方が合理的です。貨幣価値が自然に上昇していくのですから。

デフレ下における、こうした企業や消費者の行動は、次のようにまとめられます。

物価が下落し、貨幣価値が上昇する過程にあるなかでは、企業や消費者は、「この調子だと、今後も貨幣価値が上がっていくだろう」という予想を持ちます。企業にとって「投資」とは、将来得られるであろう利益のために、現在、設備投資などの支出を行うことです。「投資」とは、将来の「予想」あるいは「期待」に基づいて行われる行為なのです。

しかし、将来、貨幣価値が上がるという「予想」を持つことになると、投資は控えるようになります。同じように、消費者にとって、ローンを組んで行う「消費」は、将来、貨幣価値が上がるという「予想」を持ってしまうと、控えざるを得なくなります。

このように、デフレは、企業や消費者の将来予想に影響を与えることで、投資や消費を減退させ、需要（消費と投資）を縮小していきます。需要は不足し、供給は過剰になるので、物価はさらに下落していく。そうすると、企業や消費者は、なおのこと「将来は、貨幣価値が上昇する」という予想を形成してしまい、ますます支出を切り詰めていきます。**こうして発生した悪循環が、物価の下落を持続させるのです。**

これは、まさに「悪循環」であり、デフレの恐ろしさはここにあります。デフレによる不況は、通常の景気循環による不況と違って「底を打つ」ことがありません。**デフレは、放置すれば、ほぼ底なしに続くのです。**

なお、デフレになると、企業も消費者も銀行からお金を借りなくなり、むしろ銀行にお金を返すのを急ぐので、銀行は貸出先のないお金でジャブジャブになります。貸出先がないので、金利は下がります。したがって、まさに一九九八年以降の日本がそうですが、デフレ経済下では、金利が低迷します。

そして、二〇〇七年のサブプライム危機や、〇八年のリーマン・ショック以降、欧米においても金利が低迷しています。**世界中が、デフレに転落しかねない局面を迎えていると**言えるでしょう（図1）。

コスト・プッシュのデフレ圧力

この「債務デフレ」という考え方は、デフレのメカニズムを大変よく説明していると思いますが、ひとつ、注意すべき点があります。

債務デフレ説では、貨幣面の現象としてのデフレに着目しています。つまり、デフレとは、貨幣価値の持続的な上昇であるという側面です。貨幣価値が持続的に上昇するから、企業も消費者も負債を負わないように、投資や消費を抑えるようになるので、需要が不足するというわけです。

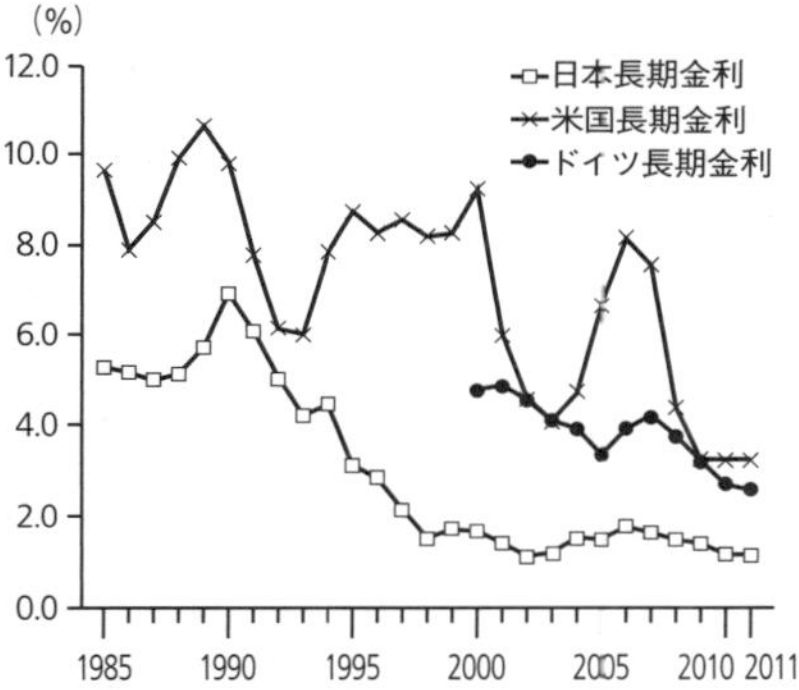

図1　日米独の長期金利の推移

日本長期金利：日本銀行 http://www.stat-search.boj.or.jp/ssi/mtshtml/m.html
米国長期金利：FRB http://www.federalreserve.gov/datadownload/Choose.aspx?rel=H15
ドイツ長期金利：欧州中央銀行 http://www.ecb.int/stats/money/long/html/index.en.html

では、貨幣価値が持続的に下落しさえすれば、すなわち、物価が持続的に上昇しさえすれば、企業や消費者は投資や消費に積極的になるのでしょうか。多くの場合は、そうだと言えます。しかし、そうではない場合もある。

たとえば、日本のように原油や穀物を輸入に依存している国で、もし国際市場の原油価格や穀物価格が持続的に上昇していくような場合は、それに伴って、物価も上昇していき、インフレになるでしょう。実際に、一九七〇年代のオイル・ショックの際は、インフレが起きました。

しかし、原油価格や穀物価格の上昇に伴うインフレは、投資や消費を促進するのではなく、その反対に抑制します。

なぜなら、企業は、原油価格の上昇によってコスト・アップになりますが、原油価格の上昇分をそのまま製品の価格に転嫁《てんか》することは容易ではありません。言うまでもなく、製品の値段を上げたら、売り上げが落ちるかもしれないからです。特に中小企業ほど、価格転嫁は難しいので、コストの上昇分は自分たちでかぶらざるを得ません。そこで、企業は、投資支出を抑制したり、人件費をカットしたりします。

消費者については、ガソリンや食料の値段が上がったら、消費を切り詰めることになるのは、言うまでもありません。しかも、コスト・アップに直面した企業は人件費をカットしていますから、給料は高くなりません。給料がそのままで、物の値段が高くなったら、消費を切り詰めるしかないわけです。

　こうした原油や輸入食料の価格の上昇に伴う物価の上昇は、「**コスト・プッシュのインフレ**」と呼ばれますが、これは投資や消費を促進するのではなく、抑制します。コスト・プッシュのインフレは、貨幣現象としてだけ見ればインフレですが、実体経済で起きていることを見ると、需要を縮小し、**需要と供給のギャップを拡大するデフレ圧力となっている**のです。したがって、原油価格や食料価格の上昇によって一般物価は上昇するかもしれませんが、実質賃金は下がり、労働者の給与も減ることになります。

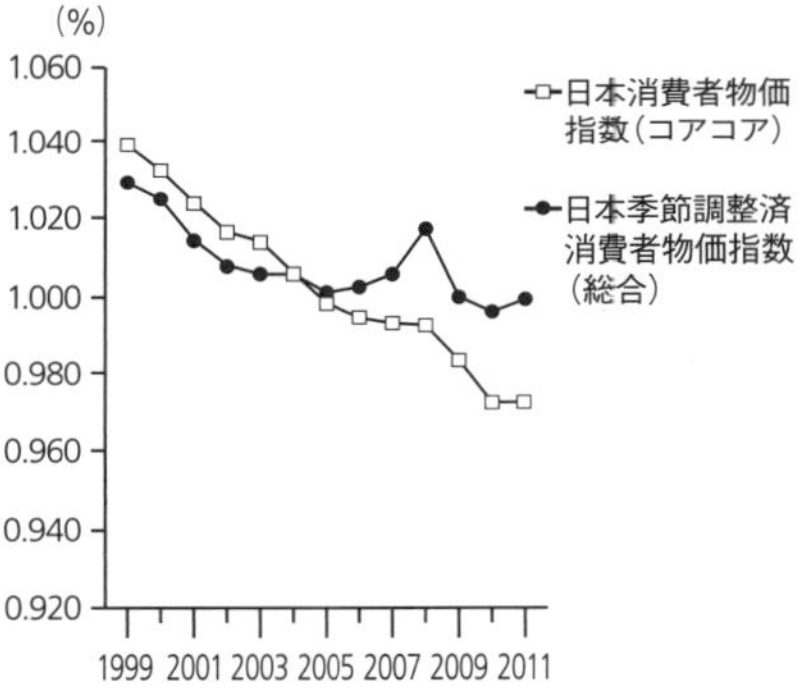

図2　消費者物価指数の推移

http://www.e-stat.go.jp/SG1/estat/List.do?bid=000001015980&cycode=0
内閣府統計局消費者物価指数の年度で月平均したもの

　実際、二〇〇六年から〇八年にかけて、原油と食料の価格が急騰し、消費者物価は上昇しました。しかし、エネルギーと食料品を除いた物価指数（「コアコア」）を見ると、デフレを脱却したとは言えないことが分かります（図2）。

消費増税がデフレ圧力になる理由

コスト・プッシュのデフレ圧力となるのは、輸入原油や輸入食料の価格の上昇だけではありません。たとえば増税、とりわけ消費税の増税は、強力なデフレ圧力になります。消費税が二％アップすると、消費者物価はその分上昇するので、貨幣価値が下落して、消費や投資が促進されるなどということはありません。原材料価格の上昇と同じように、消費税の増税によるコストの転嫁も、企業、とりわけ中小企業には容易ではないので、支出を切り詰め、人件費をカットせざるを得なくなります。消費者も、支出に回せる所得が減るので、消費を抑制せざるを得なくなります。実際、日本は、一九九八年からデフレに突入しましたが、その大きな原因となったのは、当時の橋本龍太郎内閣による消費税の増税でした。

このように、輸入原油、輸入食料そして消費税増税というコスト・プッシュのインフレは、物価を上昇させますが、需要を縮小させるデフレ圧力となります。このことは、デフレが単なる物価の下落（＝貨幣価値の上昇）という貨幣面の現象にとどまらないものであることを意味しています。

したがって、デフレの問題を考える際には、それを単なる物価の継続的な下落という現象面でとらえるだけではなく、むしろ、**「需要不足／供給過剰」の状態が継続的に続いているという実体面**をより重視した方がよいと思います。

2 デフレが終息しない本当の理由

期待の問題

デフレ経済下では、賃金が下がり続けます。しかし、もし、賃金の減少と同じように物価も下がるのであれば、これまでとさして変わらずにモノを消費できるのだから、生活水準が下がるというわけでもないし別にデフレでもさして困らないのではないか。そう思われる人もいるかもしれません。たしかに、理屈の上では、こうした意見は、正しいように思えるかもしれません。しかし、実際には、わが国は、一九九八年以降、一〇年以上もデフレで苦しんでいます。

なぜ、賃金と同時に物価も下がるのに、デフレは人々を苦しめるのでしょうか。それは、デフレによって将来に対する悲観が蔓延し、経済活動が停滞してしまうからです。

先ほど述べたように、デフレとは、将来に対する期待が悲観的になることで、「投資」という、将来の利益に対する期待に駆り立てられて行う経済活動が停滞することです。

たしかに、賃金が下がっても、製品の値段も同じように安くなるのならば、その製品を今買うことはできるかもしれません。この消費行動は、現在の利益を得るために、現在、支出をすることです。これに対して、投資行動は、将来の利益を得るために、現在、支出をすることです。ですから、将来の果実に対する期待が悲観的になれば、投資は行われません。

世の中が悲観的になり、投資行動がなくなれば、資本主義は動かなくなります。**資本主義とは、将来に対する楽観という社会心理の上に成り立っている**のです。

また、世の中が悲観的になると、投資だけではなく、消費も停滞するでしょう。物価が下がっていくことは、消費者としては、今の瞬間は喜ばしいことかもしれません。しかし、消費者が、「この調子だと、来年になったら、もっと物価が下がっているかもしれない」

という期待を抱いたら、来年まで待つことにして、今年は買うのを控えようと思うかもしれません。

もっと深刻な問題は、たいていの消費者が同時に労働者であり、労働者にとっては、デフレで給料が下がっていくことは、将来に対する不安を強く掻《か》き立てるものだということです。このまま給料が下がり、将来は失業するかもしれないと不安になったら、いくらモノが安くなっているとはいえ、盛大に消費をするよりは、むしろ将来不安の解消のために貯蓄に励むことになるでしょう。

ですから、デフレ経済下において、人々が将来に対して悲観的になっている時には、モノの値段が安くなっても、消費は拡大しないのです。

なぜ、需要と供給の調整ができないのか

デフレは、需要不足・供給過剰の状態が続くことで、物価が持続的に下落していく現象ですが、需要（消費と投資）は、世の中に悲観が蔓延している際には、拡大しようがありません。

では、過剰な供給を削減して、需要と一致させれば、物価の下落はストップするのでは

ないでしょうか。実際、デフレ下では、企業は倒産し、設備は廃棄され、失業者が増えるので、供給が削減されていきます。そうであるなら、いずれ過剰な供給が削減されて、需要と一致するように調整が進めば、デフレは解消するはずです。デフレが解消すれば、企業は投資をすることが可能になるので、景気は再び上向きになり、雇用は増えるでしょう。

こうした考え方に立てば、デフレとは、需要と供給を一致させるための調整過程であり、したがって、放置しておけば、いずれは自然とデフレが終息するように思われます。しかし、現実の経済は、そうはいかないのです。なぜなら、需要が縮小するスピードと、供給が削減されるスピードでは、**需要が縮小するスピードの方がはるかに速い**からです。

このことを理解するために、ここで、カール・ポランニーの理論を参考にしましょう。ポランニーは、二〇世紀前半に活躍し、経済人類学という学問を創設した人物であり、その主著は有名な『大転換』です。

ポランニーは、その理論を構築していく過程で、一九三〇年代の世界恐慌について深く研究していました。つまり、彼はデフレのメカニズムに関心を寄せていたのです。

『大転換』のなかで、ポランニーは、物価の持続的な下落という貨幣現象が、いかにして生産組織を破壊するのかを論じています。彼の議論を、噛み砕いて要約するならば、次のようになります。[*1]

企業は、他の企業と長期の取引関係を構築したり、長期契約を結んだりして、原材料を一定期間、一定価格で購入しています。また、労働者についても、長期の契約によって雇用しており、給与の条件はある程度、あらかじめ決まっています。したがって、原材料費や人件費といったコストは、他の企業との関係や、労働者との関係に縛られていて、すぐには引き下げられない状態になっているのです。なお、最近、企業との長期の契約で雇用された労働者（いわゆる正社員）ではない、有期契約労働者の割合が増えてはいますが、それでも企業にとって解雇や賃下げはそれほど簡単な話ではないという状況は、基本的には変わりません。

これに対して、製品の価格の方は、消費需要に対して柔軟に変化します。消費者が買わなくなれば、製品の価格は簡単に下がります。ところが、製品の価格は容易に下がっても、企業の原材料費や人件費といったコストは、容易には下げられません。特に、中小企業ほど、取引先の大企業との関係で弱い立場にあるので、購入する原材料費を下げることは難しいでしょう。このため、デフレで製品の価格が下がっていく過程では、企業は赤字になりがちです。しかも、その赤字は継続するので、結局、企業は倒産に追い込まれていきます。こうして、デフレは、**生産組織を破壊する**のだとポランニーは論じました。

公正賃金――デフレ下で失業者が増える理由

製品価格が容易に下がるのに対して、労働者の賃金は容易には下がらないという現象は、現代の経済学においても、「賃金の下方硬直性」という用語で知られています。労働市場では、労働の需要と供給を均衡《きんこう》させる価格メカニズムがうまく働かず、労働の供給過剰つまり失業がなかなか解消しないのです。つまり、現実の世界では、**労働者の賃金は、市場メカニズムとは別のメカニズムによって決まっている**ということです。

では、労働者の賃金は、どのようにして決まっているのでしょうか。これに関しては、労働経済学や社会学における実証研究の蓄積がありますが、最近では、経済学者のジョージ・A・アカロフとロバート・J・シラーが『アニマルスピリット』で、この問題をとり上げています。

そのなかで、アカロフとシラーは、社会学などの実証研究に基づき、現実の労働者の賃金は、人々が「公正」だと感じる値で決まっている面が大きいと指摘しています。[*2] たとえば、人々は、「この職業であれば、二十代のうちならば、年収はだいたい四〇〇万円ぐらいだが、四十代になったら八〇〇万円ぐらいが適当であろう」という社会通念を共有しているのです。このため不景気になって労働者が過剰になると、市場メカニズムが働くのであれば賃金は低下するはずですが、実際の賃金は「公正」と思われている値をなかなか下回りません。労働者が、社会通念として認められている「**公正賃金**」を下回る賃下げにはなかなか応じないからです。

経済学では、「フィリップス曲線」といって、物価上昇率が上がると失業率が下がり、物価上昇率が下がると失業率が上がるという関係が経験的に知られています。アカロフとシラーは、この関係は、「公正賃金」という考え方によって部分的に説明できるとしています。好景気になると、物価が上昇していく一方で、失業は減ります。しかし、不景気になって物価が上昇しなくなったり、もっと極端にはデフレになったりしても、賃金は公正賃金を下回らないために、相対的に高止まりします。そこで、赤字経営に転落して苦しくなった企業は雇用を絞らざるを得ず、労働の需給のバランスが崩れて、仕事を見つけられない失業者が発生するというわけです。

労働市場の流動化は何をもたらすか

では、長期雇用制度を破壊し、賃金を「公正賃金」を下回って労働の需要と供給が一致するところまで下げれば、失業は解消することになるのでしょうか。そう考える人は、特に経済学者に多いようです。このように、雇用関係を柔軟にし、企業が労働者を雇用したり、解雇したり、賃金を上げ下げしたりしやすくすることは「**労働市場の流動化**」と呼ばれます。

しかし、解雇された労働者は、すぐに再就職できるわけではありません。たとえば、いくら半導体産業や電気通信産業、あるいは医療関連産業が求人広告を出していたとしても、これまで建設業で働いていた労働者がすぐにこうした産業に再就職できるわけがありません。もちろん、会計業務や秘書業務のような定型的な技能からなる職種の労働者や単純労働であれば、他の企業への再就職も可能かもしれませんが、そのような職種は限られています。したがって、労働市場が流動化している国では、失業が少ないということにはなりません。たとえば、アメリカでは、企業による労働者の解雇が容易であり、その意味で労働市場は流動化しています。しかし、リーマン・ショック以降の大不況のなか、失業率は九％前後と高水準のままです。*3

机上の理論だけを見て、抽象論理だけを扱っているような経済学者は、平気で「労働市場の流動化」などと口走ります。しかし、労働者は生身の人間なので、モノのように価格だけで市場で簡単に取引できるものではありません。人間は、給料が高いか低いかだけで瞬時に転職するのではなく、一定期間、特定の組織に属し、職場の上司や同僚との人間関係の下で継続的に働くものです。ある程度長期的に続ける仕事、すなわち「職業」とは、人生の大きな部分を占めます。労働市場が硬直的であり、賃金が下方硬直的であるのは、労働者が人生を背負って働く職業人だからです。労働市場を柔軟化するということは、いわば、**人間という存在を否定すること**なのです。

さらに問題なのは、労働市場の流動化によって、雇用関係が不安定になり、将来の賃金上昇や雇用の確保が必ずしも期待できないとなると、労働者は将来不安から消費を手控えるようになります。また、解雇された労働者は、当然のことながら、支出を極端に切り詰めるでしょう。

労働者は供給力であると同時に、需要の担い手です。供給側から見れば、失業は供給能力の削減になりますが、それは、同時に消費需要の縮小でもあります。供給過剰を解消しようとして労働市場を流動化すれば、それは同時に、需要を減退させるので、結局、需要不足・供給過剰は解消されず、単に経済全体が収縮していく結果に終わるのです。ここに、デフレという現象の恐ろしさがあります。

3 金融はなぜ不安定になるのか？

バブルの崩壊

デフレとは「需要不足／供給過剰」の状態ですが、では、何が需要を不足させ、あるいは供給を過剰にするのでしょうか。

その原因は、いくつか考えられますが、デフレを引き起こす最大の原因は、おそらく、**バブルの崩壊による金融危機**でしょう。

バブルとは、株式や土地などの価格が、その実際の価値よりも異常に高く評価される経済現象であり、バブルの崩壊とは、その異常に上昇した資産価格が急落する現象です。日本の場合、一九九〇年代初頭、銀行の保有株式の時価は六五％も下落し、不動産は八〇％も下落しました。資産価格が暴落すれば、銀行は資本を増強するために貸し出しを減らし、企業や消費者は投資や消費を抑制せざるを得なくなり、「需要不足／供給過剰」となります。その後は、先ほど説明したとおりの悪循環のメカニズムが働いて、経済はデフレへと突入していきます。金融市場におけるバブル崩壊（資産デフレ）が実体経済に波及して、デフレ不況を引き起こすのです。

では、なぜ、バブルは発生し、そして、崩壊するのでしょうか。

バブルとは、人々が何らかの理由によって集団で熱狂し、投機目的で資産を買い漁《あさ》るという異常な社会現象が起きたということなのでしょうか。たしかに、リーマン・ショック以前のアメリカの住宅バブルや、日本の八〇年代後半のバブル景気を、後知恵で見るならば、なんとも異常で非合理的としか言いようのない社会現象であるように思えます。

しかし、過去二五年間をふりかえると、バブルとその崩壊という異常現象は、一過性のものではなく、周期的に起きていることが分かります。一九八七年、アメリカでブラック・マンデーと呼ばれる株式市場の崩壊がありました。九〇年代初頭には日本でバブルが崩壊しましたが、アメリカでもS&L危機と呼ばれる深刻な金融危機が起きました。九七年にはアジア通貨危機が勃発しています。二〇〇〇年代初頭にはITバブルが崩壊しました。そして〇七年のサブプライム危機、翌年のリーマン・ショックです。

このように、バブルとその崩壊は、偶発的ではなく、一定のサイクルをもって発生している。このため、バブルと金融危機は、**経済のシステムそのもの**に何らかの原因があると考えられます。

それを明らかにしたのが、ハイマン・ミンスキーという経済学者です。ミンスキーは、資本主義という経済システムは、本質的に不安定であり、必ずバブルとその崩壊というサイクルを引き起こすと論じました。

主流派の経済学者は、価格が需要と供給を一致させる市場メカニズムが経済を安定化させると考えています。資本主義は本質的に不安定なもので、それゆえに金融危機は必ず生じると主張したミンスキーは、この主流派の経済学に反逆するものでした。このため、ミンスキーは、長いこと、経済学界で異端視されてきました。

しかし、二〇〇七年にサブプライム危機が発生すると、アメリカでにわかにミンスキーの理論に注目が集まりました。今では、多くの著名な経済学者やアナリストがミンスキーを読み直し、その洞察に高い評価を与えています。本書でも、ミンスキーの理論を参考にしたいと思います。

根拠なき期待

ミンスキーの理論について、簡単に説明しましょう。*4 そのポイントは、次の三つです。

第一に、景気が良い時には、人々は将来に対して楽観的になり、大胆になって、より高いリスクをとって投資を行うようになるため、経済における債務の比率が必ず高まっていくということです。

ここで重要なのは、投資や融資といった金融の性格です。投資や融資とは、将来得られる利益のために、現在、お金を支出することです。しかし、将来得られる利益を現在、知ることはできません。ですから、投資や融資とは、正確には将来得られるであろう利益の「予想」や「期待」のために、現在、お金を支出するということになります。したがって、金融には、予想や期待といった必ずしも当てにはならない主観に賭けるというギャンブル的な要素がどうしても付きまといます。

実物市場の場合は、「現在」得られる製品やサービスの「実際」の利益を得るために、「現在」お金を支出するので、かなり確実です。これに対して、金融市場では、「将来」得られる製品やサービスの「予想」の利益を得るために、「現在」お金を支出するのです。このため、実物市場は、取引の結果、安定的に動くかもしれませんが、金融市場は「将来予想」に左右されて、安定化しないのです。

そうしたなかで、投資家は、どのようにして将来を予想するのでしょうか。二〇世紀最大の経済学者の一人であると同時に、成功した投資家でもあったジョン・メイナード・ケインズは、投資家は現在の状況が今後も続くであろうという想定の上に立って行動すると指摘していますが、[*5] この傾向は、現在でも同じであるようです。ウォール街の予想屋として三〇年の経験を持つロバート・J・バーバラも「ほとんどの人の将来に対する意見は、最近観察したトレンドの延長である。ほとんどの場合、人々の将来に対する意見は、足元の経済状況が変化した時にのみ変わる」[*6] と述べています。

このため、人々は、景気拡大が続いて楽観的になるにつれ、資産価格が将来上昇することを前提にして行動するようになります。そして、次第に、より債務を負って投資をするようになり、また、リスクのより高い投資に手を染めていくようになります。このようにして経済全体で、債務の比率が高まっていくのです。

わずかなきっかけで金融崩壊

ミンスキーの理論のポイントの第二は、景気拡大によって債務比率が高まった経済は、ショックに対して非常に脆弱《ぜいじゃく》になるという点です。つまり、ちょっとしたきっかけによって市場が暴落し、経済が簡単に崩壊するのです。

どうして、そのようなことが起きるのでしょうか。具体的に例を挙げてみましょう。

リーマン・ショックを契機として、「**レバレッジ**」と呼ばれる手法が広く行われていたことが有名になりました。「レバレッジ」とは、借金によって手元の資金を膨《ふく》らませて投資を行うことです。

たとえば、一〇〇万円の投資では、株価が一〇％上昇すると、一〇万円の利益が得られるだけです。しかし、もし五〇〇万円の借金をして手元資金を六〇〇万円に膨らませると、株価の一〇％の上昇は、六〇万円の利益をもたらします。もし、株価が一〇％上昇する可能性が高いのであれば、投資家は、五〇〇万円の借金をして投資をした方が合理的でしょう。先ほど述べたように、好況が続くと、投資家はこの好況のトレンドがこれからも続くであろうという将来予想を抱きます。そして、より大規模なレバレッジをかけた、リスクの大きい投資を行おうとします。

しかし、実際の株価が予想に反して一〇％下落した場合は、どうなるでしょう。レバレッジをかけなかった投資家であれば、一〇〇万円の投資であれば、一〇万円の損失が出るに過ぎません。したがって、その投資家は、その程度の損害で投資を引き揚げようとはしないでしょう。

これに対して、レバレッジをかけていた投資家の場合には六〇万円を失いますが、五〇〇万円の借金をしていたので、利子も考慮に入れると、手元に残るのは四〇万円以下になってしまいます。このため、その投資家は、手元資金を確保しようとして、保有していた資産を売りに出すでしょう。これは**「デ・レバレッジ」**（「レバレッジ」の反対）と呼ばれています。

もし、多くの投資家がレバレッジをかけていた場合、株価のわずか一〇％の下落をきっかけに、「デ・レバレッジ」すなわち資産の売却が一斉に始まり、資産価格は暴落し、金融市場はパニックに陥ります。レバレッジによるバブルの発生と逆のメカニズムが働き始めてしまうのです。

このように、好況が続き、楽観的になった投資家が債務比率を高めるようになると、ちょっとしたきっかけで、金融市場全体が崩落してしまうのです。金融市場のパニックとは、非合理的な投機家によって引き起こされる異常な現象ではなく、**資本主義の構造が生み出す不可避の事態**だということです。

金融イノベーションがバブルを引き起こす

ミンスキーの理論のポイントの第三は、製品のイノベーションのように、**金融商品にもイノベーションが起きる**のであり、**それが資本主義をいっそう不安定にする**ということです。

好況が長く続き、市場を楽観が支配するようになると、投資が活発になり、資金需要が膨らんでいきます。もし、楽観が過度になり、資金需要が膨らみ過ぎるのであれば、金利が上昇していくので、資金調達が容易ではなくなり、景気は冷えていくはずです。こうして金融市場のメカニズムが働けば、バブルも金融危機も起きないはずです。

ところが、実際の世界では、好況が続いて資金需要が膨らんでいくと、この旺盛《おうせい》な資金需要に応えるべく、金融機関は新手の金融商品を開発し、資金調達をやりやすくしてしまう。このため、資金需要が膨らんでも金利はさほど上がらないという現象が起きます。金利の上昇によって資金需要の過剰を抑制するという、本来、金融市場に期待されていたはずの自動調整メカニズムは、金融商品のイノベーションによって機能不全に陥るのです。

現に、かつて経済学者の宮崎義一が『複合不況』で明らかにしたように、一九八七年のアメリカの金融危機（ブラック・マンデー）や、九〇年代初頭の日本のバブル崩壊は、その直前の金融の自由化に原因のひとつがありました。[*7] 金融の自由化によって、さまざまな金融商品が開発され、安易な資金調達が可能になったことが、バブルを引き起こしたのです。〇八年にリーマン・ショックが起きた時も、人々はウォール街が、CDO[*8]やらCDS[*9]やらと、金融工学を駆使した複雑怪奇な新手の金融商品を次々と世に送り出して、世界中にばらまいていたことに驚きました。九〇年代以降も進められた金融市場の自由化が、こうした金融商品のイノベーションを可能にし、バブルを発生させていたのです。

資本主義の心肺停止

以上のミンスキーの理論をまとめると次のようになります。

①資本主義においては、好況が続くと、根拠なき期待によって経済全体で債務の比率が高まる
②債務比率の高い経済は、ちょっとしたきっかけによって崩壊し、金融危機に陥る
③好況が続くと、金融商品のイノベーションが起き、金融市場は均衡せずに、バブルを

発生させる

ミンスキーは、資本主義は、このようなメカニズムによって、放っておくと必ず危機に陥る不安定な経済システムであると考えました。

ここに、ミンスキーと主流派経済学者の考え方の大きな違いがあります。主流派経済学は、市場は生産者と消費者の交換を通じて安定化（均衡）すると考えていますが、それはもっぱら「現在の利益」と「現在の支出」の間の取引である実物市場をイメージしているのです。もちろん主流派経済学者も金融市場について論じはしますが、金融商品の交換の際に働く「将来予想」や「期待」といった非合理的な主観の役割を十分に考慮しません。

これに対して、ミンスキーは、「将来の利益」と「現在の支出」の取引である金融市場では、将来予想や期待といった、はなはだ当てにはならない要素が働いていることを重視しました。だから、金融商品の価格は適正なところで安定しません。将来の利益の予想をいつでもぴたりと当てることは、誰にもできないからです。このため、人々の将来予想が楽観に流れれば、金融市場は膨張し、逆に悲観に流れれば収縮するのです。

ミンスキーは、師匠のジョセフ・A・シュンペーターの教えに従って、資本主義の本質は金融にあると考えていました。「資本」とは、事業活動の元手のことですが、事業活動とは、「将来」に利益を得るために「現在」行う活動です。事業活動には、投資や融資といった金融が欠かせません。特に、一九世紀後半から二〇世紀初頭に重工業が発展して起きた「第二次産業革命」以降、事業活動が飛躍的に大規模化したため、巨額の資金ニーズが発生し、金融市場の役割はますます重要になっていきました。したがって「資本」主義には、金融が不可欠となります。

よく、資本主義と市場経済が混同されますが、このふたつは必ずしも同じではありません。金融機能がない実物だけの市場経済は、資本主義ではないのです。

資本主義の肝《きも》である金融は、それが将来予想や期待に基づいて動くものである限り、決して安定的には機能しません。それゆえ、ミンスキーは、資本主義は必然的に不安定化すると考えたのです。逆に言えば、資本主義は安定へと向かうと考えている主流派経済学者は、**「資本主義」と「市場経済」を混同している**のだと言えます。

さて、資本主義の心臓とも肺とも言うべき金融は、デフレ時には機能しなくなります。デフレとは、いわば**資本主義が心肺停止状態に陥った**ということなのです。

4　日本を襲う構造的なデフレ圧力

実体経済におけるデフレ圧力

ミンスキーの議論は、もっぱら金融面からデフレの原因を特定したものでした。金融経済の危機が実体経済へと波及することでデフレが生じるという考え方です。たしかに、バブルの発生とその崩壊による金融危機こそが、デフレの最大の原因であり、その意味でデフレとは金融経済に由来する現象であると言えるでしょう。

ただし、実体経済のなかにも、「需要不足／供給過剰」を発生させる要因があります。それは、金融危機ほど強力な衝撃はないものの、デフレを悪化させる圧力にはなります。

たとえば、経済が成熟した先進国では、十分な供給能力がすでに備わっている一方で、消費や投資の需要は満たされつつあり、将来の需要の急拡大が期待できないため、構造的な傾向としては、供給過剰になりがちです。したがって、成熟経済のなかには、常にデフレ圧力が働いていると言えます。反対に、経済が若い発展途上国では、労働者の生産性は低く、技術進歩が不十分で、設備やインフラも未整備であるため、供給能力が不足しがちになる。実際、発展途上国では、経済発展の過程において、供給不足によるインフレに陥りがちです。

成熟経済化は、長期的・構造的なデフレ圧力であると言えますが、より短期的なデフレ圧力の現象もあります。たとえば、デフレとは供給が過剰である状態ですから、供給能力を高めるような現象が起きれば、デフレが悪化します。具体的には、技術進歩が進むと、企業の生産性は向上します。あるいは市場の自由化や規制緩和によって、新規参入者が増え、競争が激化すると、企業の生産性は向上します。

生産性が向上することは結構なことであり、技術進歩は経済成長の原動力ですらあるように思われます。たしかに、経済がデフレでない正常な状態の場合や、需要に対して供給が不足するインフレの場合には、そのとおりです。

しかし、供給過剰のデフレの場合には、生産性の向上や技術進歩は、供給をさらに過剰にし、デフレを悪化させるので、望ましいものではありません。需要が不足し、労働者が余っている時に、生産性の向上によって以前より少ない労働力で供給することが可能になったら、労働者がもっと余り、賃金が下がるか失業者が増えるだけです。生産性の向上や技術進歩が経済を成長させるという当たり前のことが、デフレ下では通用しないのです。デフレとは、それだけ異常な事態だということです。

たとえば、〇二年、デフレ不況であるにもかかわらず、タクシー業界の規制緩和が実施されました。しかし、タクシー料金が多少安くなったところで、デフレ不況でタクシー需要は増えないため、タクシー業界の新規参入者が急増して供給過剰になっただけで、タクシー業界は成長しませんでした。それどころか、競争が激化したため、タクシー運転手たちは働いても豊かにならないワーキング・プアに陥ってしまったのです。

供給過剰のみならず、需要不足をもたらすような実体経済の現象もまた、デフレ圧力になります。たとえば、輸入資源の価格高騰や増税は、企業や家計を圧迫し、投資や消費を抑制し、需要を縮小させます。先ほど触れた「コスト・プッシュ」のインフレです。

あるいは、政情不安や社会保障制度の不備など、将来に対する不安や悲観が蔓延するような場合には、企業や消費者は支出を控え、貯蓄を増やそうとするので、需要が縮小します。他方、デフレ不況それ自体が社会を不安定化させたり、税収減を通じて社会保障を機能不全にしたりするので、将来不安が高まり、デフレが深刻化します。ここでも、デフレの負のスパイラルが働いてしまうのです。

グローバル化がもたらす「底辺への競争」

需要を押し下げ、供給を押し上げるような現象がデフレ圧力となるのであれば、いわゆる「グローバル化」も、その原因のひとつとして数えられます。

グローバル化とは、簡単に言えば、ヒト、モノ、カネの国境を越えた移動がより活発になっていくことであり、それは冷戦終了後の一九九〇年代以降、より進展したと言われています。

なぜ、グローバル化はデフレ圧力になるのでしょうか。それは、次のような経路をたどって発生すると考えられます。

グローバル化によって、先進国の労働者は、中国やインドその他の発展途上国の低賃金労働者との競争にさらされるようになっています。かつては、発展途上国の低賃金労働者は、付加価値の低い製品しか作ることができませんでしたが、最近ではオートメーションや情報技術の発達により、低賃金労働者であっても、そこそこ高付加価値の製品を製造することができるようになりました。しかも、こうした低賃金労働者は大量に存在し、たとえば中国は内陸部にそのような潜在的な低賃金労働者をたくさん抱えていると言われています。

こうした発展途上国の低賃金労働者との競争にさらされ、先進国の労働者の賃金は上がらなくなってしまいました。

もちろん、中国やインドの経済が成長していけば、賃金も上昇するので、先進国との賃金引き下げ競争は、いずれ終わるのかもしれません。しかし、輸出依存度の高い中国は、輸出競争力を低下させたくないので、自国の労働者の賃金を上げるつもりはありません。仮に中国の労働者の賃金が上昇したとしても、今度は中国の労働者が、より賃金の安いヴェトナムなどの労働者との競争にさらされるのです。これでは、先進国の労働者の賃金は、いつまで経っても上昇しません。

このように、グローバル化した世界における国際競争では、労働者の賃金をより引き下げていくメカニズムが働きます。これは**「底辺への競争」**と呼ばれる現象です。

実際、平成二〇年度版経済財政白書（年次経済財政報告）で、二〇〇〇年代の先進国における労働分配率（雇用者報酬／国民所得）の推移を見てみると、どの国も下がっていることが分かります（図3）。特に二〇〇〇年代に輸出主導で成長した日本とドイツで、労働分配率の低下が顕著です。

また、日本とドイツとアメリカの平均賃金の推移を見てみると（図4）、日本とドイツは、

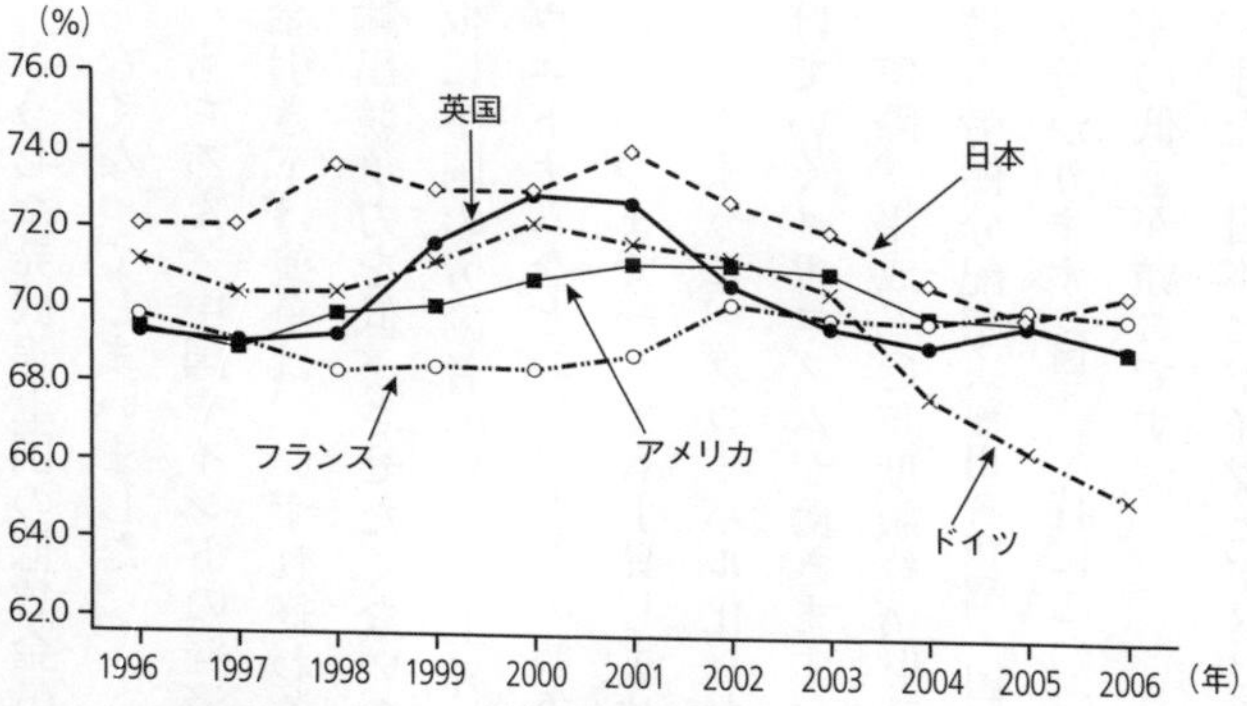

図3　主要先進国における労働分配率の推移

※出所　内閣府「年次経済財政報告」平成20年版

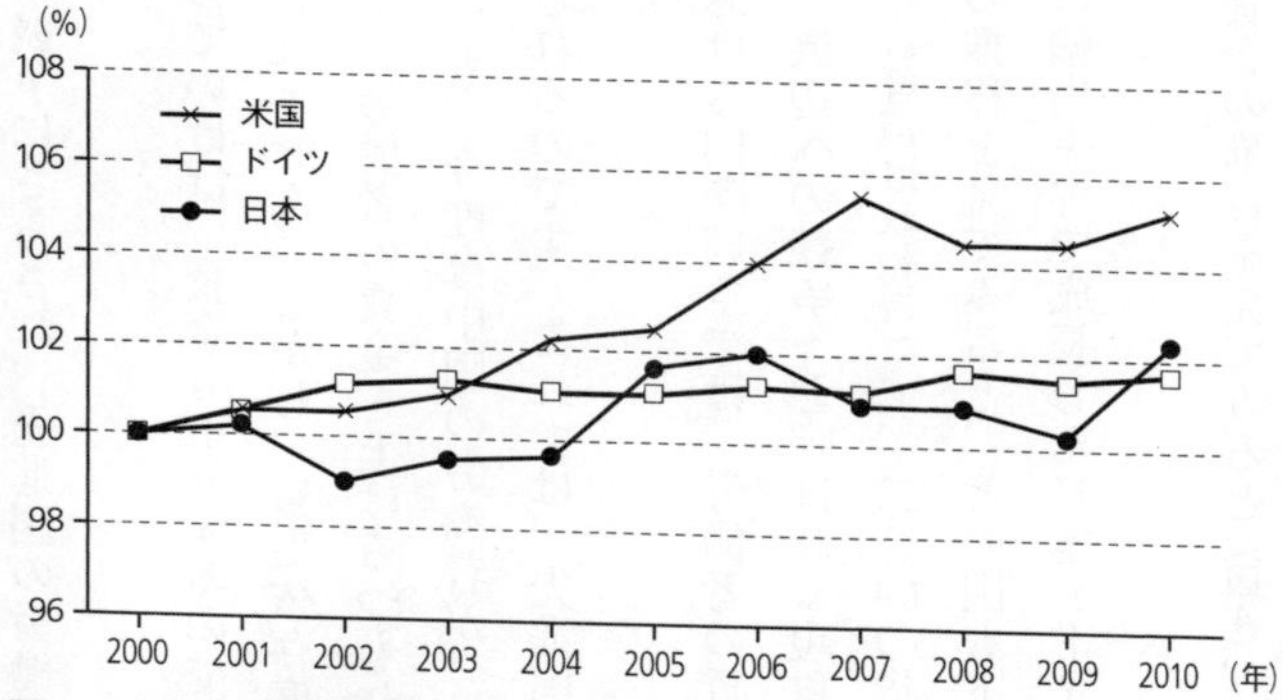

図4　日米独の平均賃金の推移

OECD Stat Extracts, Labour, Average Annual Wages

ほとんど上昇していません。二〇〇〇年代前半のアメリカも好景気だった割には、あまり上がっていません。この時期のアメリカは、賃金が上がっていないにもかかわらず消費が旺盛で、好景気を謳歌《おうか》しました。それは住宅バブルの発生により、家計が負債を増やして消費を拡大していたからに他なりません。いわば、住宅バブルがグローバル化によるデフレ圧力を覆い隠していたのです。

円高還元はプラスにならない

このようにグローバル化はデフレ圧力を発生させるのですが、とりわけ現在の日本は円高ですから、輸入品の価格はもっと安くなっています。原油のように、国内で生産せず、輸入に全面的に依存する製品であれば、円高によって価格が安くなることは良いことです。しかし、輸入品と競合する国内産業では、安価な輸入品の流入によってコスト・カット競争が激化し、デフレ圧力がさらに増すことになります。

さらに深刻なことに、リーマン・ショック後の世界大不況で、世界的に賃金が上がらなくなっており、国際市場での競争は激化しています。いわば「底辺への競争」の底辺がさらに引き下がっている状態にあるのです。

ところが、グローバル化によるデフレ圧力はないと論じる経済学者たちがいます。彼らによれば、より安価な製品が買えるようになれば、消費者は浮いたお金を使って、他の製品を買うので、消費は減少しないというのです。

しかし、先ほど説明したデフレの悪循環のプロセスを思い出してください。デフレとは、将来、貨幣価値が上昇するだろうという予想が抱かれているがために、人々が支出をせずにお金を貯め込もうとする現象です。そのような時に、製品が安くなって浮いたお金が生じたとしても、消費者は、そのお金を借金返済か貯蓄に回すだけで、使おうとはしないでしょう。

経済が正常であれば、消費者が浮いたお金で消費を増やす気になるかもしれません。しかし、デフレとは、正常な経済ではなく、資本主義が心肺停止しているというきわめて異常な事態なのだということを忘れるべきではありません。

金融資本主義と格差の拡大

株主重視の企業経営が主体であり、金融市場の影響力が大きいような経済システム――いわゆる「**金融資本主義**」――もまた、デフレ圧力を発生させます。

金融資本主義では、企業経営は株価の動向に敏感に反応し、その中長期的な成長より短期的利益を最大化することを重視し、従業員の福祉よりも株主への配当を尊重します。このため、金融資本主義では、人件費を削減して企業利益を大きくしようとするドライブが常に働いており、それがデフレ圧力となるのです。

特に、海外からの投資家は、一般的に、企業の中長期的な成長や従業員の福祉よりも、配当の最大化を重視します。これは、何も外国人に対する差別意識から言っているのではありません。わざわざ遠い外国の企業に投資しようなどという投資家は、たいてい、利益の最大化を主目的としているのです。こうして、投資のグローバル化は、金融資本主義化を招くことになります。

日本では、日本企業の外国人持株比率は、一九九〇年代半ばまでは一割程度でしたが、外資の導入を促進する構造改革が行われた結果、九〇年代後半以降から外国人持株比率が上昇し、二〇〇六年度には全体の約四分の一を占めるに至っています。それに伴い、一人当たりの給与は下がり続け、労働分配率も低下していっており、当然、デフレが続きました。その理由のひとつとしては、株主利益の最大化を求める海外ファンドなどが増加し、株主への配当を優先する経営を求める傾向が強まったため、人件費が抑制されるようになったことがあります。[*10]

しかし、仮に金融資本主義が労働者の所得を抑制したり、引き下げたりするのだとしても、その分、投資家たちは利益を増やしているのだから、投資家たちが稼いだ金を元手に、活発に消費や投資を行えば、需要は拡大し、デフレ圧力にはならないという反論があるかもしれません。これは、稼ぐ能力のある富裕層がよりいっそう富を増やせば、その恩恵が社会全体に行きわたるという考え方で、「**トリクル・ダウン**」と呼ばれる発想です。特にアメリカは、この「トリクル・ダウン」の理論によって、格差の拡大を正当化しようとする傾向が強い国です。

ところが、実際には「トリクル・ダウン」は起きないのです。アメリカの著名な政治経済学者ロバート・ライシュは、一部の富裕層が消費をするよりも、分厚い中産階級が消費をする方が消費規模は大きくなると主張しています。アメリカは、富裕層の上位一%が国富の四分の一を占有するという超格差社会ですが、その一%の富裕層がどれだけ浪費をしようとも、国富の四分の一を使い切ることはできません。それならば、国富を広く国民に分け与えて、多くの国民が消費財を購入できるようにした方が、消費需要ははるかに大きくなるのです。[*11]もし、そうであるならば、一部の階級が国富の大半を独占する格差社会とは、需要を縮小させるデフレ圧力を構造的に発生させていると言うことができます。

実際、二〇〇〇年代初頭から〇六年までのアメリカは、好景気であるにもかかわらず、低インフレで推移していました。その間、グローバル化、金融資本主義化そして格差の拡大が進んでおり、これらのデフレ圧力が物価や賃金の上昇を抑制していたと思われます。それにもかかわらず、アメリカがデフレ不況には陥らず、むしろ好景気だったのは前述のとおり、〇二年頃から始まった住宅投資のブームによる住宅バブルのおかげに過ぎませんでした。

しかし、〇七年にその住宅バブルが崩壊し、翌年には金融危機が発生しました。**現在のアメリカには、これまで列挙してきたデフレの原因がほぼすべて出揃っていることになります。アメリカは、デフレ不況の危機に直面しているのです。**

では、次に、このデフレ不況が経済や社会に何をもたらすのかを検討しましょう。

注
＊1　カール・ポラニー『〔新訳〕大転換――市場社会の形成と崩壊』野口建彦、栖原学訳、東洋経済新報社、二〇〇九年

＊2 ジョージ・A・アカロフ、ロバート・J・シラー『アニマルスピリット――人間の心理がマクロ経済を動かす』山形浩生訳、東洋経済新報社、二〇〇九年

＊3 労働市場の流動化が経済の変動を緩和しないとする研究成果として、たとえば次のようなものがあります。Christian Merkl and Tom Schmitz "Macroeconomic Volatilities and the Labor Market: First Results from the Euro Experiment", *European Journal of political economy*, in press, 2010. William Easterly, Roumeen Islam and Joseph E. Stiglitz "Explaining Growth Volatility", presented earlier as the Michael Bruno Memorial Lecture at the XII World Congress of the International Economics Association, 2000.

＊4 Hyman P. Minsky, *Stabilizing An Unstable Economy*, New York: McGraw-Hill, 2008.

＊5 ジョン・メイナード・ケインズ『雇用、利子および貨幣の一般理論』上下、間宮陽介訳、岩波文庫、二〇〇八年

＊6 ロバート・J・バーバラ『資本主義のコスト』菊地正俊訳、洋泉社、二〇〇九年、六一頁

＊7 宮崎義一『複合不況――ポスト・バブルの処方箋を求めて』中公新書、一九九二年

＊8 社債やローンから構成される資産を担保として発行される債務担保証券。

＊9 債券などの不履行の際に、それを肩代わりする金融派生商品。

＊10 川本卓司、篠崎公昭「賃金はなぜ上がらなかったのか？――二〇〇二～〇七年の景気拡大期における大企業人件費の抑制要因に関する一考察」日本銀行ワーキングペーパーシリーズ、No. 09-J-5、二〇〇九年

*11 Robert B. Reich, *Aftershock: The Next Economy and America's Future*, New York: Alfred A. Knopf, 2010.

第二章　デフレがもたらす絶望の未来

1　円高からインフレまで――経済はこのように破壊される

失業の最大の問題点

前章において、デフレが底なしの不況であることを指摘し、その悪循環のメカニズムについて議論しました。本章では、その悪循環が、実際にどのような害悪をもたらすのかについて、さまざまな側面から考えていきます。

デフレがもたらす問題のうち、真っ先に思い浮かぶのは、**失業を増やす**ということです。デフレ下で収益が上がらない企業は、新卒者の雇用をしぼり、正社員の比率を下げて、解雇しやすい非正規社員の割合を増やそうとします。その結果、多くの若者が就職できなくなり、あるいは非正規社員となるために、組織内で専門的な知識を身につけ、技能を修得するための機会を失います。知識や技能を修得できない若者たちは、ますます仕事を見つけることが難しくなります。こうして、彼らの生活水準は、一時的にではなく、生涯にわたって低下していってしまいます。

しかも、失業の問題は、単に金銭的に苦しくなるというだけにはとどまりません。失業は、個人の自立心を損ない、自尊心を傷つけるのです。失業の最大の問題は、経済的な困難よりも、**人間性にダメージを与える**というところにあります。

アメリカの社会科学者であるロバート・レーンは、詳細な実証データを元に、生産活動は、消費行動以上に、幸福の源泉として重要であると論じました。[*1]

経済学の教科書的な理解では、人々に効用をもたらすのは消費であり、労働は、効用ではなく苦痛をもたらすものという前提に立っています。しかし、実際の経済社会では、労働こそが、幸福感をもたらすことを実証して、経済学の前提に疑問を呈するのがレーンのねらいです。

レーンの研究によれば、生産活動とは、一般的に、組織行動や集団行動という形で行われますが、集団行動への関与は、人間関係に帰属することによって得られる他人からの評価や、仕事を通じて得られる自負心、自尊心あるいは能力の成長の実感などの幸福感をもたらします。

集団に属していれば、他人から、自分がどういう人間であるか、認知してもらえます。他人から存在を認められることで、人間は自尊心を維持することができます。たとえば、いつも一緒に働いている同僚であれば、自分の名前だけでなく、性格や趣味についても知ってもらえるでしょうし、いつもとネクタイの色が違うだけで、気づいてもらえるかもしれません。人は、他人から認知されることで、自己のアイデンティティを確認できるのです。

また、仕事をもって自分の力で生計を立て、家族を養うことからくる自立心、あるいは仕事を通じて顧客や社会の役に立っているという自負心は、人間の前向きな精神や自尊心を生み出す主要な源泉となります。

さらに、日々の職場において、創造性を発揮し、新しいアイディアを実行すること、そして、そのアイディアを上司や同僚に認めてもらうことは、自己実現の感覚や達成感をもたらすでしょう。あるいは、組織のなかで仕事を任され、上司や同僚や顧客にいろいろ教えてもらいながら、さまざまな経験を積むことで、人間は成長することができます。こうした経験は、組織の一員だからこそ得られることです。人間は、仕事を通じて一人前の大人になるのだと言っても過言ではありません。

失業が恐ろしいのは、こうした自己の成長の機会だけでなく、他人から自分の存在を認知されるという機会すら失うことによって、自分の存在が脅かされるというところにあります。解雇を通告されるということは、自分の存在を否定されることと受け取られるのです。さらに就職できない若者は、悲惨なことに、一人前の大人になるチャンスすら与えられないということになります。

日本は、一九九八年にデフレに突入しましたが、それ以降、年間の自殺者数は九七年以前と比べて約一万人増加し、三万人を超え続けています。

失業の増大は自殺者を増やしたり、社会を不安定化したりしますが、それは、単に人々が経済的に困窮するからだけではなく、自分たちの人間としての存在そのものが危機に陥るからなのです。経済的な困窮だけなら、役所が失業手当を支給すれば解決します。しかし、解雇による疎外感・孤独感は、お金では解決できません。

デフレとは、人間の尊厳を破壊する失業を、恐るべきことに慢性化させるものであり、国家運営に責任を持つ者が何としてでも避けなければならない現象であると言えます。

「非効率部門」という勘違い

「非効率部門を温存するから景気は良くならない。非効率な企業は淘汰《とうた》し、生産性の向上を目指すべきだ」

経済学者や経済評論家、あるいは政治家や官僚や財界のリーダーのなかには、このように考えたり、発言したりする者が跡を絶ちません。一〇年以上にわたるデフレ不況のなか、こういった台詞が頻繁に聞かれました。

「非効率部門の淘汰」というと抽象的ですが、具体的にこれが何を意味しているのかといえば、企業の倒産を進め、失業者を増やしてもかまわないということでしょう。しかし、失業とは、人間性を破壊する残酷な現象ですから、これは相当に非人道的な言い草だということになります。

もっとも、道徳的な観点はここではあえて措《お》いて、経済に焦点を当ててみましょう。

そもそも、デフレとは、需要が不足し、供給が過剰である状態です。供給が過剰であるということは、動いていない設備や働いていない人材が多く存在するという状態です。つまり、設備や人材といった資源が、使われずに無駄に放置されているという意味において、デフレ下にある国民経済全体は、非効率だと言えます。

デフレ下において「非効率部門を淘汰せよ」を唱える人々は、大きな勘違いをしています。非効率部門が温存されているから、経済全体が非効率なのではありません。デフレだから、経済が非効率化しているのです。

もっと問題なのは、非効率部門の淘汰を唱える人々が、非効率部門が温存されているから、デフレ不況なのだと考えていることです。これは致命的な間違いです。

なぜなら、デフレとは、供給が過剰な状態だからです。もし、ここで非効率部門を淘汰して、企業の生産性を向上させたら、ただでさえ過剰な供給がもっと増えることになります。さらに、非効率部門の淘汰によって生まれた失業者は消費者でもありますから、消費は縮小します。淘汰されて倒産した企業が設備投資を行うこともあり得ませんから、投資も減退します。その結果、需要不足と供給過剰はさらにひどくなり、需要と供給のギャップが拡大してデフレが悪化することになるのです。

非効率な企業や人材が多く存在するから、国民経済全体が非効率なのではなく、デフレだから非効率なのです。言い換えれば、企業や労働者が効率的であるかどうかは、彼らの生産能力が高いか否かではなく、十分な需要があるか否かによって決まるというわけです。「非効率部門を淘汰せよ」と言う論者は、**原因と結果を取り違えている**のです。

不良債権処理をめぐる勘違い

二〇〇〇年代初頭、デフレが進むなかで、銀行が抱える不良債権が問題になりました。銀行が不良債権を多く抱えているので、資金が円滑に循環しないのだと言うのです。そこで当時の小泉政権は、銀行の不良債権の処理を推し進めました。このため、中小企業に対する貸し渋りや貸しはがしが大きな問題になりました。

私は、この不良債権の処理という処方箋も、原因と結果の取り違えによるものではないかと思います。銀行が不良債権を抱えているからデフレなのではなく、デフレなので銀行の債権が不良になっているのだということです。

小泉政権は、不良債権の処理に成功したかのように言われていますが、それは世界経済の景気拡大によって輸出主導で景気が回復したおかげに過ぎません。**景気が回復したから、不良債権が減ったのであって、不良債権が減ったから景気が回復したのではありません。**

いずれにせよ、デフレの経済的な問題のひとつは、短期的には、遊休の設備や遊休の人的資源を発生させることで、国民経済全体を非効率化するということにあるのです。

潜在成長率の低下

デフレの問題は、短期的に国民経済を非効率化するだけにはとどまりません。長期的には、**経済の潜在成長力を低下させていきます。**

カール・ポランニーが指摘したように、デフレは生産組織を破壊しますが、生産組織の供給能力というものは、急に発生するものではありません。設備投資には数年かかりますし、大規模な設備投資であればあるほど、より長い期間が必要になります。また、企業の生産能力を決める技術力は、長い年月と費用をかけた技術開発や技能の蓄積の産物であって、一朝一夕《いっちょういっせき》に得られるものではありません。人材の能力も同じです。人間は、長期間の教育・訓練や、何十年と現場で働くことによって、技能や知識を身につけます。能力とは、時間をかけた経験によって獲得されるものです。

したがって、供給力の形成には、長い年月がかかります。これがデフレ不況によって、いったん失われると、その回復には、相当程度の年月を必要とします。

場合によっては、失われた供給力の回復は不可能かもしれません。たとえば、瀬戸大橋のような高度な橋梁《きょうりょう》建設の技術を有する建設会社が、一社しかなかったとします。その高度な技術は、建設会社が長年の経験と研究によって独自に開発したものであり、しかも技術の継承は、組織内において熟練技術者が後継者に、これまた長い年月をかけて伝承していくものだとします。ところが、デフレ不況で、その建設会社が倒産し、熟練技術者たちが失業すると、誰も極意を伝えることができなくなり、それはほぼ永遠に失われていくことになる。そうしたら、わが国は、立派な橋を架《か》けたり、あるいは既存の橋の修理や更新をしたりすることができなくなってしまいます。

実は、日本が誇るものづくりの技術力は、このように、いったん失われたら回復が難しい職人的な技能や特殊な知識に支えられていると言われています。

こうした高度な技術に対する需要は、すぐに発生します。先ほどの橋の例で言えば、地震や津波によって橋が破壊されれば、建設の需要が即座に発生します。ところが、供給はすぐにはできず、場合によっては、二度と建設できないのかもしれません。

このように、デフレによって破壊された供給力は、容易には回復しないので、**将来、供給力の喪失がボトル・ネックになって、経済が成長しなくなるということになります。**つまり、デフレは、国民経済の潜在的な成長力を棄損《きそん》してしまうのです。日本は、もう一〇年以上もデフレですから、日本の潜在成長力は、相当に失われてしまったであろうことは、間違いありません。

国際競争力もまた破壊される

また、これまでの日本は、高い品質を要求する消費者が多い大きな国内市場を持ち、その需要に応じる高い技術力を持った多くの企業が激しく競争するという経済構造を持っていました。日本の企業は、良い製品ならば値段が高くても買うという目の肥《こ》えた消費者たちに鍛え上げられて、価格ではなく品質で勝負し、その技術力と国際競争力を高めてきたのです。これこそが、日本経済の強みでした。

ところが、デフレは、この強みを奪い去っていきます。デフレによる所得の低下により、消費者は高くても良い製品を買う余裕がなくなり、値段の安いものを求めていくようになります。そうなると、日本の企業は、高い技術力を発揮して優れた製品を開発しても値段が高ければ買ってはもらえなくなるので、質よりも価格の安さで勝負せざるを得なくなる。その結果、企業は技術開発に投資を振り向けることができなくなり、長期的には技術競争力を失っていきます。

こうしてデフレは、高付加価値製品で勝負する技術力という日本企業の最大の強みを弱体化させるのです。デフレとは、とりわけ日本のような経済構造の国が陥ってはならない現象だということです。

通貨高がもたらす悪循環

デフレは、貨幣価値が上昇することですが、これは通貨高をもたらす圧力にもなります。たとえば、アメリカの物価が一定だとした場合、デフレの日本で物価が下がると、ドルの価値に対する円の価値が上昇します。このため、円高・ドル安がもたらされます。もちろん、通貨の価値はデフレだけで決まるものではなく、内外の金利差なども大きな影響を及ぼすので一概には言えませんが、他の条件が同じならば、デフレが通貨高をもたらすことは否定できません。

通貨の価値が高くなることそれ自体は、必ずしも悪いことではありません。しかし、デフレ時に通貨高が起きると、デフレをさらに悪化させる圧力が発生します。しかも、その通貨高自体がデフレによってもたらされるのですから、**「デフレ→通貨高→デフレ」の悪循環**になってしまうのです。

具体的に説明しましょう。まず、円高は、言うまでもなく企業競争力を低下させ、輸出産業に打撃を与えます。また、国際的に見て労働者の賃金が割高になるために、製造業が海外へと流出し、雇用機会が減少します。さらに円高は、海外からの労働者の流入を促進します。このため、国内で外国人労働者が増え、賃金が下がります。これは、さらなるデフレ圧力となります。

また、円高によって輸入品が安くなるため、輸入品と競争する国内産業も打撃を受けます。安価な輸入品の流入は、国内経済がインフレ気味で成長している場合には、インフレを緩和する効果がある。しかし、デフレにある場合は、輸入品と競合する国内産業においてコスト・カット競争を激化させ、デフレを悪化させる圧力になります[*2]。

こうした輸出産業や輸入品と競合する国内産業において賃金が下がり、デフレが深刻化すれば、円高はいっそう進みます。**円高→デフレ→円高の悪循環**が発生するのです。

デフレが悪化し、国内の需要が縮小すると、企業は海外需要の獲得に乗り出さざるを得なくなってきます。実際、長期のデフレ不況のなかで、多くの企業が、アジアなどへの輸出に活路を見いだそうとしています。

ところが、多くの企業が外需獲得に走って輸出が増えると、それはまたしても通貨高の圧力になります。国内のデフレ不況で海外に活路を見いだすのは、一企業としては合理的な判断なのかもしれませんが、みんなでそれをやると、結局、円高を招き、輸出競争力を減殺《げんさい》することになってしまいます。しかも、その円高がまたデフレ圧力となるという、底なしの悪循環が発生するのです。

経済構造の硬直化

デフレが潜在成長力を損なう経路は、生産組織の破壊だけではありません。長く続くデフレは、経済を変質させ、長期的にも非効率で硬直した経済構造を作り上げてしまいます。

デフレとは供給過剰であり、供給過剰とは、すなわち企業の数が多すぎて、過当競争になっている状態です。多数の企業が、小さな需要を奪い合うのですから、利益は上がりません。そこで、企業は、お互いに合併・吸収を繰り返して大規模化して生き残りをはかろうとします。あるいは、過当競争に敗れ去った企業は倒産し、市場から退出するので、企業の数が減っていきます。

これは、市場全体で見れば、企業の数を減らして競争を鈍化させようという動きです。競争が鈍化すれば、生産性は低下し、供給力は落ちます。縮小した需要に合わせて、供給が削減されていく調整過程となるのです。

このようにして、デフレ下では、企業の大規模化が進み、競争は鈍化して、市場は寡占《かせん》や独占の方向へと向かいます。

デフレが「需要不足／供給過剰」である以上、企業の大規模化が進み、競争が鈍化していくことは、供給を抑制して、需給のギャップを縮め、デフレ不況を緩和する方向に働くわけですから、それ自体は必ずしも悪いことではありません。しかし、デフレが長期に及び、大企業の寡占・独占状態が長く続けば、企業は活力を失っていきます。

戦後日本の産業は、基本的に多数の企業が国内市場で激烈な競争を繰り広げて、お互い切磋琢磨《せっさたくま》することによって、高い競争力や技術力を身につけるというパターンで発展してきました。自動車しかり、家電しかりです。激しい競争は、進化論的な淘汰を通じて市場を寡占化する方向へと向かうのですが、需要が伸び続けていくのであれば、企業の数が減りにくく、競争は持続します。

市場に参入する企業数が多く、競争が激しいというのは、戦後日本の産業構造の長所であったと言えます。しかし、デフレは、この日本の産業構造の長所を奪っていくのです。

デフレでは、金融機関も大規模化していき、金融市場は寡占化していきます。実際、日本の主要な銀行は、デフレ不況を通じてメガバンク化していき、地方の中小規模の金融機関は次々と破綻《はたん》していきました。

銀行が大規模化すると、大口の取引を優先するようになり、特に地方経済において必要とされているような、中小企業向けの小規模できめ細やかな融資には関わろうとしなくなります。このため、中小企業は、円滑な資金調達が困難になります。

日本経済の基盤を支えているのは、中小企業です。企業数の九九％以上、従業員数の六割以上を中小企業が占めています。その中小企業にきめ細かく資金を供給してきた金融システムが、デフレの長期化によって衰退を余儀なくされていくのです。

こうした**市場の寡占化**、**企業の大規模化**そして**中小企業の衰退**は、日本経済の土台を蝕《むしば》んでいくことになるでしょう。デフレが長期化した後では、仮にそこから脱却してマクロ経済が正常化したとしても、もはや日本の経済構造は、かつての活力あるものではなくなり、硬直化している可能性があるのです。

将来のための投資の阻害

デフレが潜在成長力を破壊するメカニズムは、生産組織の破壊や産業構造の硬直化に加えて、**将来のための投資の阻害**という側面もあります。

デフレとは、貨幣価値の上昇過程であり、また将来に対する悲観が蔓延する状態であるため、企業は、将来の果実を得るために現在支出をするという、投資という行動を控えてしまうことは、すでに繰り返し述べたとおりです。

企業が投資を控えるということは、現在の時点を見れば、需要が縮小することですが、他方で、将来の時点を見れば、その時に必要なものが整備されていないということになります。言い換えるならば、設備投資とは、それが行われる現時点では「需要」なのですが、投資が終わった将来の時点で見れば、それは設備の「供給」です。**投資とは、現在においては「需要」、将来においては「供給」という、異時点の経済行動**なのです。

ですから、現在、投資が不足するということは、将来の世代にとっては供給が不足するということになります。将来、経済成長を実現するための社会資本や設備あるいは技術が不足してしまい、経済は成長できなくなるのです。

問題は、経済が成長できなくなることだけではありません。施設や設備は、時間が経つにつれて老朽《ろうきゅう》化するので、メンテナンスやリプレイスのための投資が必ず必要になります。老朽化した設備は、生産効率が悪くなるという面もありますが、それ以前に、安全上の問題があるので、メンテナンスやリプレイスを進めなければなりません。ところが、デフレによる投資の抑制は、こうした施設や設備の更新のための投資すらも阻害してしまうのです。

たとえば、近年、高圧ガスや都市ガスなどガス関連の事故の発生件数が急増していますが、その事故原因のひとつとして、設備の老朽化・経年劣化が指摘されています。[*3] 企業は、本来であれば、老朽化した設備を更新しなければなりませんが、デフレ不況下では投資ができないため、更新投資も控えざるを得ず、老朽化した設備を稼働し続けざるを得ないのです。

投資には、安全の他にも、教育、環境保全、文化の継承や学問の進歩など、将来の世代のために、さまざまな社会的・文化的価値を高めるために必要なものもあります。よく、「経済が成熟して豊かになったので、需要は飽和している。消費したいものなどない」という理由で、現在の需要不足をやむなしとする意見があります。むしろ、これからは資源や環境の制約もあるのだから、需要を抑制し、経済的な豊かさよりも幸福を目指す低成長社会を目指すべきだという議論もあります。

たしかに、成熟経済においては、消費需要は飽和しつつあり、それを無理に拡大しなくてもよいのかもしれません。しかし、需要には、現在必要な「消費」だけでなく、将来のための「投資」も含まれます。現世代の消費需要が飽和して、欲しいものなどないのだとしても、将来世代のために準備しなければならないものがあるはずです。その準備が「投資」なのです。また、低成長社会論者が望むようなエコロジカルな経済や幸福な社会を構築するためにも、「投資」が必要になります。

デフレは、その投資を困難にします。それは、私たちの子や孫の繁栄の芽を摘《つ》むものなのです。「現在の需要」のなかには「将来の供給」が含まれていることを忘れるべきではありません。

デフレの後に来る将来のインフレ

少子高齢化が社会問題として懸念されていますが、この少子高齢化を進めている大きな原因のひとつに、デフレがあるとも考えられます。というのも、デフレは将来への見通しを悲観的にし、将来への投資を手控えさせますが、子育てとは、経済的に見れば、子供が成人するまでの約二〇年間という長期にわたって、投資を行うようなものだからです。ですから、デフレ経済下では、なかなか子供を増やそうというインセンティブは働かないでしょう。

デフレを脱却すれば、少子高齢化にも歯止めをかけられるかもしれません。しかし、日本は、ただでさえ少子高齢化に向かっていたところに、一〇年以上にわたるデフレに侵《おか》されていますので、少子高齢化のトレンドは、急には変えられないでしょう。

さて、少子高齢化社会になると、経済は、どうなるでしょうか。**実は、インフレになっていくと考えられます。**

インフレは、「需要不足／供給過剰」のデフレの反対ですから、「需要過剰／供給不足」の状態です。そして、少子化とは、供給力の源泉である若年労働者の数が相対的に少なくなることであり、他方、高齢化とは、供給をせずに需要（消費）のみをする高齢者が相対的に増えることを意味します。したがって、少子高齢化社会では、需要が過剰になり、供給が不足するはずです。数の多い高齢者の消費需要を支えるのに十分な労働者が足りなくなるということですから、労働者の賃金は上昇し、インフレになるのです。しかも、これは、少子高齢化という社会構造がもたらしているので、構造的なインフレであると言えます。

現在、日本経済は、少子高齢化が進んでいるのにインフレではなく、デフレにあります。これは、**日本経済が、構造的にはインフレであるべきにもかかわらず、デフレに蝕まれているということ**です。つまり、少子化で供給力が減少傾向に向かっているというのに、そのインフレ効果をも上回る激しい債務デフレのせいで、需要の不足が起きているということです。

将来、労働者が不足するならば、移民を入れればよいという議論があります。しかし、仮に移民を大量に入れて労働者不足を一時的に解消したとしても、その移民もいずれ年をとっていくでしょうし、先進国社会のなかで暮らせば、子供をたくさん産もうとはしなくなるので、また少子高齢化社会へと向かっていきます。それでは、また移民を入れなければならなくなるだけで、根本的な解決にはなりません。

しかも、移民といっても単なる労働力ではなく、文化を背負った人間です。したがって、移民を大量に受け入れるに当たっては、文化的な摩擦が必ず発生します。特に不況になり、失業が増大すると、トラブルは深刻化します。移民を率先して受け入れてきたヨーロッパでも、近年、さまざまなトラブルが発生しており、移民政策が成功したとは必ずしも言えないのではないでしょうか。いずれにせよ、移民政策は、労働力の補塡《ほてん》という単純な経済の問題ではなく、もっと慎重な検討を要する問題だということです。

少子高齢化社会における労働者不足・インフレを解消するための根本的な解決策は、技術開発投資など、将来の生産性を向上し、供給力を高めるための投資を、今から積極的に行うことです。ところが、繰り返しになりますが、その将来のための投資を抑制するのが、デフレなのです。

日本の運命

以上をまとめると、少子高齢化社会においてデフレが続く日本のような国は、次のような運命をたどることになります。

まず、デフレが長く続くなかで、供給力が破壊されていき、潜在成長力が低下していきます。また、デフレのせいで少子高齢化はいっそう進んでいきますが、将来の供給不足を解消するための投資が行われません。

おそらく、いずれかの時点で、デフレは終息するのかもしれません。しかし、デフレが終焉したと喜んではいられません。なぜなら、今度は少子高齢化によるインフレが問題となるからです。しかし、長年にわたるデフレによる破壊のせいで潜在成長力が落ち込んでおり、また労働者不足を解消するための生産性の向上も困難になっています。そうだとすると、将来の日本経済は、低成長かつ慢性的なインフレに悩むことになるでしょう。

この状況を乗り越えるためには、生産性を向上し、供給力を強化する必要があります。しかし、すでに述べたように、供給力の強化とは、継続的に存在する生産組織が、長年の技術開発投資を行い、知識や技能を蓄積することではじめて可能になることであり、一朝一夕にできることではありません。

経済学者や経済政策担当者の多くは、特にわが国においては、デフレ以上にインフレを警戒する傾向が強くあります。彼らは、デフレ脱却のための財政出動や金融緩和といった議論に対しては、「それらはインフレを引き起こす懸念がある」と言って抵抗します。しかし、デフレの放置は、これまで述べてきたような経路をたどって、長期的には、低成長社会と少子高齢化をもたらし、そして彼らが最も恐れる慢性的・構造的なインフレを発生させる可能性すらあるのです。

2 格差拡大からポピュリズムまで——社会はこのように破壊される

所得、世代間、企業間——格差の拡大

デフレは、物価の下落＝貨幣価値の上昇をもたらすものですが、その影響は一様ではありません。デフレの被害は、人によって異なります。それだけではなく、デフレによって得をする人すらいます。

たとえば、お金を借りている人にとっては、返済の負担を重くするものですが、お金を貸している人にとっては、得になります。デフレは債権者に有利に、債務者に不利に働き、格差を拡大するのです。

また、すでにお金持ちで稼ぐ必要のない富裕層にとっては、デフレは単にモノの値段が安くなるというだけの話です。富裕層にとっては、保有している貨幣の価値が上昇するのですから、その意味において、デフレは悪いことではありません。また、仕事を引退し、年金を受給するだけの高齢者にとっても、デフレは、あまり悪いことには感じられないでしょう。しかし、働いて賃金を得なければならない労働者、特にまだ稼ぎが少ない若者にとっては、給料が上がっていかないデフレは、大変に深刻な問題です。デフレは、富裕層と高齢者には優しく、貧困層と若者には厳しいものなのです。

日本がデフレに突入したのは一九九八年です。八〇年代まではむしろバブル景気に沸《わ》いていました。デフレは、九〇年代半ば以降に社会人になった年代と、八〇年代までにたっぷり稼いだ年代との間に、大きな格差を作っていると言えます。**所得格差に加えて、世代間格差も拡大している**のです。

また、デフレは、**企業間の格差**も拡大します。

デフレは、賃金を引き下げますが、それは労働者の所得の引き下げを通じて内需を縮小します。したがって、国内市場で商売をしている企業は、国内市場の停滞によって苦境に陥ります。

しかし、海外市場で稼いでいる輸出企業にとっては、国内市場が縮小することは、特段、問題ではありません。それどころか、輸出企業は、デフレで労働者が余っていたり、賃金が下がったりしていれば、人件費を抑えられるので企業競争力を強化することができます。また、輸出企業の株主にとっても、人件費の抑制によって企業利益が増えれば、配当が増えて得になります。

このため、デフレは、輸出企業と非輸出企業との間、そして輸出企業の株主と労働者との間の格差を拡大することにもなります。輸出企業やその株主にとっては、国際競争力を強化するデフレは歓迎すべきものとすら言えます。

もっとも、先述のようにデフレは通貨高の圧力になるので、それは輸出企業には損になります。しかし、通貨の価値は内外の金利差など、他の要因によっても決まるので、デフレが必ず通貨高をもたらすとは限りません。実際、二〇〇〇年代前半、デフレの日本は金利がきわめて低かったのに対し、好景気のアメリカは金利が高く、そのため日本のマネーがアメリカに流れ、円安になりました。こうなると輸出企業は、デフレにより人件費を抑制し、円安の恩恵を受けて、好景気のアメリカ市場で稼ぐことができます。二〇〇〇年代前半は、輸出企業は絶好調でした。しかし、この時期、デフレから脱却できず、内需は不調だったために、国内市場を基盤とする企業はふるいませんでした。

デフレによる被害は、大企業と中小企業との間でも程度が異なります。現在の日本では、大企業は自己資本比率を高めており、金融機関からの融資に頼らなくなっていますが、中小企業は依然として融資に大きく依存しています。そのため、債務デフレは、負債の多い中小企業に対して、より厳しいものとなるのです。

国際社会もまた不安定化

デフレという現象は、国内問題にとどまりません。国際社会にも悪影響を与えます。

「需要不足/供給過剰」のデフレ下では、国内で多数の失業が発生している状態にあるわけですが、もし国内の需要不足が解消しない場合は、企業や労働者は、海外市場の需要を獲得しにいこうとします。企業は輸出を増やしたり、海外に進出したりしようとするでしょうし、労働者は場合によっては海外に出稼ぎに行って、糊口《ここう》をしのごうとするでしょう。

この場合、受け入れ側の国の経済が成長しており、需要が急激に拡大して供給が追いつかないようなインフレ気味の場合は、海外からの輸入や労働者の受け入れを増やしても、問題は少ないかもしれません。しかし、そうでない場合には、外国企業や外国人労働者に需要を奪われることになります。つまり、デフレ不況にある国が、余った供給力を使って海外の需要を獲《と》りにいくのは、外国に「**失業の輸出**」をしていることになるのです。

デフレ不況にある国が、外国に失業を輸出して、自国の需要と供給のギャップを解消しようとすることは、非常にエゴイスティックな戦略であると言えます。相手国の雇用を奪って、自国の雇用を増やそうという戦略だからです。これは、「**近隣窮乏化策**」と言われます。

デフレ不況にある国からの輸出攻勢や労働者の流入によって、需要を奪われ、失業が増えた国では、当然のことながら、排外主義的な感情が増幅します。その結果、国際関係は悪化することになるのです。

最も深刻な事態は、世界同時不況によって、どの国でも国内の需要が縮小し、供給が過剰になる場合です。このような時には、各国とも、海外市場の奪い合いに走り、お互いに失業を輸出しようとします。帝国主義的な経済戦争になるのです。実際、一九三〇年代の世界恐慌時には、各国とも世界市場を奪い合い、自国の経済圏を確保しようとして、経済戦争を繰り広げました。この経済戦争が高じて、第二次世界大戦の原因のひとつとなったことは、言うまでもありません。

二〇〇八年のリーマン・ショック以降、世界は、一九三〇年代の世界恐慌以来と呼ばれる大不況に突入しています。世界恐慌の時のように、世界の市場は縮小し、各国で失業が増大しています。すでにアメリカは、オバマ政権が二〇一四年までに輸出を倍増する戦略を掲げ、海外への輸出を増やすことでアメリカの雇用を増やすと宣言しています。いわばアメリカは、堂々と「失業の輸出」を宣言し、「近隣窮乏化策」の方向へと舵《かじ》を切ったわけです。アメリカが推進しているTPP（環太平洋経済連携協定）もまた、この近隣窮乏化策の一環です。[*4] これは、大変、危険な兆候であると言わざるを得ません。

ところが、各国に先駆けて供給過剰のデフレに苦しんでいた日本は、世界経済が成長していた二〇〇〇年代を通じて、輸出主導の成長をはかってきましたが、リーマン・ショック以降もなお、輸出主導の成長戦略を続けようとしています。これは、エゴイスティックであるだけでなく、国際社会の不安定化に拍車をかけるという、愚かなだけでなく危険な政策なのです。

全体主義の発生

これまで述べてきたように、デフレは、投資を阻害し、消費を減退させて、経済を麻痺《まひ》させます。さらに失業によって疎外された人々を大量に生み出し、格差を拡大させ、慢性的な閉塞感と絶望的な不公平感を広めます。その結果、政治が機能不全に陥ります。加えて、デフレに陥った国家は、エゴイスティックな近隣窮乏化策を講じるようになります。国際経済は各国間の市場争奪の場と化し、国際関係の敵対的な緊張感が高まります。

こうした国内外の環境は、全体主義を発生させる格好の温床《おんしょう》となります。デフレにより社会的な不満、怨恨《えんこん》、憎悪が高まると、こうした大衆の劣情を煽動《せんどう》して人気を勝ち得ようとする悪質な政治指導者が、権力の座につくようになるのです。

デフレ不況こそ、二〇世紀初頭に全体主義が発生した経済社会的な原因です。そのことを明らかにした代表的な理論書が、カール・ポランニーの著した『大転換』でした。そのなかで、ポランニーは、デフレが経済社会を破壊していった後に、次のようなことが起きると述べています。「恐怖が国民の心をわしづかみにし、主導権は、最終的な代価がどのようなものであろうと容易な脱出口を指し示す者に押しつけられる。ファシストによる解決の機が熟したのだ[*5]」

日本でも、一九九〇年代以降のいわゆる「失われた二〇年」、特に九八年以降のデフレ不況のなかで、「最終的な代価がどのようなものであろうと容易な脱出口を指し示す者」が国民の圧倒的な支持を勝ち得るという事態がありました。小泉純一郎政権の成立や郵政選挙、あるいは二〇〇九年の民主党政権の成立、最近では、二〇一一年の大阪府知事・大阪市長のダブル選挙など、いずれも「容易な脱出口を指し示す者」が、地滑《じすべ》り的な大勝利をおさめました。「地滑り」とは、しっかり根を張った森林がない山に起きる現象ですから、地滑り的大勝利とは、信条や信念よりはむしろ多数派の空気によって判断が流されることでしょう。そのような政治は、全体主義と呼んで差し支えないと思います。デフレとは、経済を麻痺させ、社会を崩壊させたあげく、**民主政治を全体主義へと堕落させるという恐るべき危機**なのです。

しかも、もっと問題なのは、全体主義が誕生させた「最終的な代価がどのようなものであろうと容易な脱出口を指し示す者」が、その「容易な脱出口」として、よりにもよって、デフレをさらに悪化させる政策体系である「デフレ・レジーム」を打ち出すことです。

これは、負のスパイラルとしか言いようがありません。しかし、わが国は、まさにそういう事態に陥っているのです。

次の章では、この恐るべき「デフレ・レジーム」の正体を明らかにしていきます。

注

＊1　Robert E. Lane, *The Market Experience*, Cambridge Univ. Press, 1991.

＊2　ただし、鉱物資源など、国内製品との競合が少ない原材料などについては、円高によって安くなり、コスト・プッシュのインフレを緩和するので、逆に需要を増やす効果があります。

＊3　経済産業省「高圧ガス、都市ガス及びＬＰガスの各分野における事故要因と今後の対策の在り方について」http://www.meti.go.jp/committee/materials2/downloadfiles/g90327e03j.pdf

＊4　この点に関しては、拙著『ＴＰＰ亡国論』（集英社新書、二〇一一年）に詳しく書かれています。

＊5　カール・ポラニー『［新訳］大転換——市場社会の形成と崩壊』野口建彦、栖原学訳、東洋経済新報社、二〇〇九年、四二〇頁

第三章　亡国のデフレ・レジーム

——構造改革から健全財政論まで

1　公共投資悪玉論の歪み

インフレ・レジームとデフレ・レジーム

これまで繰り返し述べてきたように、デフレは「需要不足／供給過剰」が継続することで起きる物価の継続的な下落です。反対に、インフレとは、「需要過剰／供給不足」の状態が継続することで起きる物価の持続的な上昇のことでした。

こうしたことから、インフレ対策とデフレ対策とでは、あるべき政策レジームも、当然のことながら、正反対のものになるはずです。

インフレ退治のためにデフレ圧力をかける政策レジーム（「**デフレ・レジーム**」）とは、過剰な需要を抑制し、供給を強化するものになります。これに対して、デフレ退治のためにインフレ圧力をかける政策レジーム（「**インフレ・レジーム**」）とは、需要を増大し、過剰な供給を削減するものになるはずです。

一九七〇年代から八〇年代にかけて、アメリカやイギリスは悪性のインフレに悩まされていました。こうしたなかで、アメリカではレーガン政権、イギリスではサッチャー政権が新自由主義的な改革論を掲げて登場し、支配的な地位を占めるようになりました。レーガン大統領やサッチャー首相は、インフレを解決するために、「インフレ・レジーム」を「デフレ・レジーム」へと転換したのです。

新自由主義は、「小さな政府」「規制緩和」「自由化」「民営化」「グローバル化」といった主張を特徴としています。では、こうした新自由主義の主張する政策が、どのようにデフレ圧力を発生させてインフレを抑制するのか――需要を縮小させて供給を増大させるのか――を具体的に見てみましょう。

新自由主義改革のデフレ圧力

財政政策では、新自由主義は、政府支出を抑制し、収支の均衡する**健全財政**を目指します。政府が投資や消費を抑制するということは、公共の需要を抑制するということですから、これは需要を減らす政策です。もっとも、レーガン政権では、実際には軍事需要が増大したために、財政健全化には失敗し、財政赤字はむしろ増大してしまいました。

また、新自由主義は、公務員の数が少ない「**小さな政府**」を理想としますが、公的な雇用の機会を減らすことも、需要抑制策になります。政府部門や公的企業の民営化もまた、市場への参入者を増やして生産性を向上して供給力を強化するとともに、効率化によって公的な雇用機会を縮小することになるので、需要の抑制として機能します。

金融政策に関して言えば、インフレは貨幣供給が過剰であるために物価が上昇する現象と理解されるので、インフレ退治とは**金融引き締め**（**高金利政策**）になります。実際、一九七九年から八七年にかけてＦＲＢ（連邦準備制度理事会）議長を務めたポール・ボルカーは、強烈な高金利政策を実施し、「インフレ・ファイター」の異名をとりました。

規制緩和や**自由化**については、それによって市場への参入者を増やし、競争を促進することで経済効率が高まり、企業の生産性が向上するものと考えられました。インフレは「需要過剰／供給不足」の状態ですから、生産性の向上によって供給力を強化すれば、インフレは解消に近づくというわけです。

新自由主義は、「市場原理主義」とも呼ばれるように、自由市場の価格メカニズムが資源配分を最適化し、経済を最も効率化すると考えています。市場原理が有効に機能するように規制を緩和したり撤廃したりすれば、経済が効率化し、生産性が向上するというのです。

公的な規制によって独占状態にある企業は、他社との競争の圧力がないので、非効率な経営をしていても胡坐《あぐら》をかいていることができます。そのため、独占企業が供給する財の価格は高止まりします。そこで、規制を緩和して独占を解体し、競争を促進すれば、価格が引き下がるデフレ圧力が発生します。このような考えに基づき、アメリカやイギリスでは、電力市場の自由化が進められました。電力会社に電気事業を独占させず、多数の事業者を参加させ、競争を促せば、電力料金が下がっていくだろうという発想なのです。もっとも、実際には、この目論見は欧米ではおおむね失敗に終わりました。たとえば、イギリス、ドイツ、アメリカなどでは、自由競争と淘汰による電力事業者の寡占化などにより、かえって電力料金が上昇するという事態になってしまいました。[*1]

新自由主義者はグローバル化もお好き

また、**労働市場の自由化（雇用の流動化）**は、企業がより低い賃金の労働者を容易に雇用することができるので、賃金を引き下げるデフレ圧力となります。しかし、このような賃金引き下げ圧力には、労働組合が抵抗します。そこで新自由主義者は、労働組合を敵視します。労働組合の賃上げ要求こそが、自由な労働市場が決めるべき賃金水準を上回る賃金を設定するものであり、これがインフレの原因になっていると考えるのです。簡単に言えば、労働者はろくに働きもせず、組合運動の圧力によって高い給料をもらうので生産性は低下し、供給力が弱体化する。他方で、その怠け者の労働者は、不当に得た高い給料で消費を増やすので、需要が増える。こうして「需要過剰／供給不足」のインフレが構造的に慢性化するというわけです。

そこで、新自由主義者は、労働組合の影響力を弱めようとします。労働組合に対して呵《か》責《しゃく》ない弾圧を加えたイギリスのサッチャー首相は、その典型でしょう。

また、新自由主義者は、産業構造の改革も求めます。産業構造が硬直化し、非効率な衰退産業に人材や資本といった資源が滞留し、成長部門に資源が振り向けられないので、供給力が伸びず、インフレになると考えるのです。衰退産業では、労働組合が抵抗したり、政府に保護を求めたりすることで、市場による淘汰を逃れて既得権益を守ろうとするからです。そこで、彼らは、既得権益を破壊し、衰退産業を市場から退出させ、人材や資源を成長部門に移動させることを目指します。こうして、**新自由主義は構造改革論となる**のです。

市場原理を重視する新自由主義者は、金融市場の自由化を進めれば、金融市場が最も生産性の高い優秀な企業を見つけ出して資金を流し込むはずだと信じています。こうした考え方は「**効率市場仮説**」と呼ばれています。効率市場仮説が正しいならば、株主の発言力や権限を強化し、企業経営の透明性を高め、企業が株価に敏感に反応するようにすれば、企業の経営は改善し、生産性が上昇するはずです。こうして、**新自由主義は、いわゆる「株主資本主義」あるいは「金融資本主義」と親和的になります。**

さらに新自由主義者は、**グローバル化**も大いに歓迎します。国境や各国の規制といった障壁がなくなり、市場原理がグローバルな規模で働けば、世界経済全体が効率化すると考えるからです。

実際、貿易を自由化すれば、海外から安い製品が入ってくる。労働の国際移動も自由化すれば、賃金の安い外国人労働者を使うことができる。輸入品や外国人労働者との競合は、国内での競争を激化するので、生産性の向上が期待できる。こうして、供給力が強化され、インフレは抑制されるのです。

デフレ不況時に「小さな政府」!

もうお気づきとは思いますが、このような新自由主義の改革は、いずれも、第一章で論じたデフレ圧力を意図的に発生させようとするものでした。デフレ圧力によって、懸案の悪性インフレを退治しようということです。実際、一九七〇年代から八〇年代にかけてのアメリカやイギリスの課題は、悪性インフレだったのですから、新自由主義という「デフレ・レジーム」が台頭したのは、一応、理解のできることです。

ところが日本は、九〇年代初頭のバブル崩壊によって大規模な資産デフレが発生したのと軌を一にして、**構造改革という名の「デフレ・レジーム」**を導入しました。具体的に見てみましょう。

まず、「小さな政府」です。「小さな政府」は、構造改革が一貫して追求した理想であり、これに基づいて、政府支出の抑制、公共投資の削減、公務員数の抑制、民営化などが推進されました。

しかし奇妙なことに、こうした構造改革が始まる直前の九〇年時点において、日本の全雇用数に占める公務員数も、ＧＤＰ（国内総生産）に占める政府支出も、先進諸国のなかで最低水準に属するほど、すでに「小さな政府」でした。たとえば、日本の全雇用数に占める公務員数は、アメリカの約二分の一、イギリスの約三分の一程度でした。新自由主義的な改革を行った後の英米よりも、すでに日本の方が「小さな政府」だったのです。[*2]

つまり、**日本は、はじめから「小さな政府」である上に、デフレになりそうになってい**

たその時に、インフレ対策である「小さな政府」を目指すという暴挙に出たのです。

しかも六大改革という「デフレ・レジーム」を掲げた橋本政権は、一九九七年、財政構造改革と称して、消費増税と緊縮財政を決定し、財政健全化を目指しました。これは典型的なデフレ政策であり、翌年から日本は現在にまで続くデフレ不況に突入します。

それにもかかわらず、二〇〇一年に世論の圧倒的な支持を得て成立した小泉政権は、前年度比三%のペースで、公共投資を削減し続けました。その結果、公共事業費は、〇八年には、九八年の約四割程度の六・七兆円にまで縮小しました。

二〇〇八年のリーマン・ショックで、世界中がデフレ不況の危機に直面しました。その翌年、衆議院選挙の結果、自民党政権に代わって民主党政権が成立しました。しかし、この政権交代は、政策レジームの交代とはならなかった。むしろ民主党政権は「コンクリートからヒトへ」をスローガンに一層の公共投資の削減を進めたり、事業仕分けによって歳出削減の徹底をはかったりしたのです。そして二〇一一年に成立した野田佳彦内閣は、消費税の増税を掲げました。**日本のみならず、世界がデフレ不況に突入しようとしているまさにその時に、「デフレ・レジーム」が強化されようとしている**のです。

日銀の失敗と金融資本主義の定着

金融政策についても「デフレ・レジーム」の影響が濃厚に見られます。

日銀は、一九八〇年代末の土地バブルを退治するため、九〇年からマネタリー・ベース（現金と日銀当座預金）の増加率を急激に引き下げ、それによってバブルがはじけ、平成不況に突入しました。その後、日銀は、九一年七月から金融緩和政策に転換しますが、不況から脱するには不十分でした。

さらに本格的なデフレが発生すると、日銀は、九九年二月にはゼロ金利政策、二〇〇一年三月からは量的緩和政策を実施しますが、デフレから脱却できませんでした。ところが、〇六年には量的緩和政策を打ち切ってしまいます。しかも、リーマン・ショック後も、日銀はマネタリー・ベースをほとんど増やしていません。これに対して、アメリカのFRBはマネタリー・ベースを急増させました。このため、日本はデフレを脱却できないばかりか、円高・ドル安を引き起こすことにもなったのです。

経済学者の岩田規久男氏は、その著書のなかで、日銀が「物価の安定」という政策目標を最優先しており、デフレを恐れていないと批判しています。*3 実際、白川方明・日銀総裁は、二〇一〇年四月二二日のニューヨークでの講演で「中央銀行に求められていることは、安定的な金融環境を実現すること」であると発言しています。

たしかに、「物価の安定」あるいは「安定的な金融環境」は、八〇年代以降、多くの国の中央銀行の最優先課題となっていました。しかし、それは、これらの国々がインフレの抑制を目標としていたからです。[*4]「物価の安定」や「安定的な金融環境」とは、まさにデフレ・レジームにおける中央銀行の政策目標なのであって、デフレに悩んでいる国が掲げるべきものではありません。むしろ、日本だけがデフレだったのですから、日本は世界各国の中央銀行と同じ目標を掲げていてはいけなかったのです。要するに、日銀も完全にデフレ・レジームに嵌《はま》っているのです。

経済構造や労働市場も、「デフレ・レジーム」に基づく構造改革が実施されました。たとえば、一九九九年、労働者派遣事業が製造業などを除いて原則自由化されました。二〇〇四年には、製造業への労働者派遣も解禁され、企業は、人件費を容易に抑制できるようになりました。この他にも、電力市場の自由化、国立大学の独立行政法人化、郵政民営化など、枚挙にいとまがないほど各種の構造改革が遂行されたのです。

一九九六年から二〇〇一年にかけては、「金融ビッグバン」と称して、外国為替業務の自由化、証券デリバティブの全面解禁、銀行業務と証券業務の相互参入のための規制緩和、投資信託の商品多様化、証券会社の業務多角化などの改革が実施されました。

二〇〇一年には、確定拠出型年金制度が導入され、従業員は自己責任で年金を運用することになりました。〇二年、商法が改正され、アメリカ的な社外取締役制度を導入して、外資による日本企業の買収を容易にする制度が導入されました。〇五年には会社法が制定され、株式交換が外資に解禁されました。これらの改革は、グローバル化を進め、日本に金融資本主義を根づかせるためのものに他なりません。

TPPはデフレを悪化させるだけ

二〇一一年秋には、野田内閣はTPPへの交渉参加を表明しました。TPPは、関税の原則全廃のみならず、金融、医療、知的財産権、環境、衛生、労働など、さまざまな分野における制度を改廃し、グローバル化を推進しようというものです。この**TPPへの参加は、安価な農産品の流入や外資系企業の参入による競争の激化などを通じて、国内に強力なデフレ圧力を発生させる**でしょう。

実際、平成二三年度経済財政白書（年次経済財政報告）は、グローバル化を進め、貿易開放度を高めることで生産性が上昇すると力説しています。[*5] 白書は、それによってグローバル化を正当化しようとしているのですが、まさにグローバル化によって生産性が向上するからこそ、供給過剰のデフレ下においては、さらにデフレ・ギャップが拡大し、デフレが悪化することになるのです。この白書の記述は、まさに政府がデフレについてまるで理解をしておらず、「デフレ・レジーム」の枠内でしか思考できていないことを示す証拠のひとつと言えるでしょう。

結局のところ、さまざまな抜本的改革を推進した橋本政権や小泉政権であれ、政権交代による変化を求める声に応じて成立した民主党政権であれ、**いずれも「デフレ・レジーム」という基本的な枠組みのなかで右往左往しているだけに過ぎなかった**のです。

公共投資悪玉論の致命的な誤り

日本におけるデフレ・レジームにおいて、最も強力な政策のひとつは、おそらく**公共投資の削減**でしょう。それは、次のような発想に基づいて進められました。

日本は、公共投資への依存度が高すぎ、建設業が多すぎる土建国家である。しかし、公共投資は景気刺激策としてもはや有効ではない。にもかかわらず、地方の政治家たちが、地元に公共事業を引っ張ってきて利益を誘導しようとするため、熊しか通らない道路など、不必要な施設があちこちに建設されている。それは、財政の悪化のみならず、非効率な建設会社を多数温存することになり、資本や雇用が利益率の低い建設産業に集まり、経済全体の潜在成長率を低めている。そこで、公共投資を削減し、財政を健全化すると同時に、政治の利権誘導を絶《た》ち、さらに建設業界のリストラを進め、資本や労働を利益率の高い成長産業へと移動させるべきである。

このような「公共事業悪玉論」は、一九九〇年代初頭のバブル崩壊を受けた景気対策により、公共事業関係経費が急増したことから定着しています。

このため、小泉内閣は、財政構造改革と称して、公共事業関係経費を九〇年代の景気対策以前の水準に戻すことを目標としてきました。しかし、これは、実は、すでに二〇〇六年度には達成されているのです。それにもかかわらず、公共投資を削減していく方針は、その後も継続されました。

その結果、公共投資の水準を示す指標である「一般政府の固定資本形成の対GDP比」は〇七年度では約三％となりました。これは、イギリス、ドイツ、アメリカよりは若干高いものの、フランスよりはむしろ低く、ほぼ主要先進国並みの水準と言えます。国際的に単純比較しても、日本は他の先進国と比べて、もはや土建国家であるとは言えません。それにもかかわらず、〇九年に成立した民主党政権は、さらに公共事業費を削減しました。

しかも、日本の公共投資額の水準が、欧米並みであるということは、適正であるということではありません。

なぜなら、日本は、欧米とは異なり、地震や台風といった自然災害が圧倒的に多い国柄だからです。人口密度も高い。このため、ダム、堤防、建築物の耐震化など、インフラ整備のコストが欧米よりも余計にかかるのは当然でしょう。ところが、東日本大震災や、新潟あるいは和歌山・奈良における水害が示すように、現状の災害対策ですら、国民の生命や財産を守ることすらできていません。これでどうして、日本のインフラ整備が十分であると言えるのでしょうか。

特に交通インフラは、防災の観点からは余裕をもって整備されている必要があります。そのことは、二〇一一年三月の東日本大震災の際に、明らかになりました。

たとえば、東北の三陸沿岸の高速道路である三陸縦貫道は、三〇年かかってもまだ半分しか完成していませんでした。交通需要が多く見込めないという理由から予算が十分に支出されてこなかったのです。しかし、東日本大震災が勃発し、国道四五号線が破壊された際、三陸縦貫道の供用中の区間は、国道四五号線の代替道路として、救命や緊急輸送のために大いに活用されました。あるいは、仙台空港は津波によって被災しましたが、その代わりに緊急輸送の場として活躍したのは、日常的な利用量の少なさから存在意義を疑われていた秋田空港でした。

このように、わが国のように災害の多い国では、万一の場合に備えて、余裕をもって交通インフラを整備しておく必要があります。この余裕を「冗長性（リダンダンシー）」と言います。**インフラの整備は、費用に対する日常的な需要や波及効果といった「効率性」だけではなく、「冗長性」をも勘案しなければなりません。**

それにもかかわらず、わが国では、公共事業には無駄が多いという理由から、インフラ整備は効率性の観点からのみ評価されてきたため、冗長性が大いに不足しています。たとえば西日本では、道路や鉄道が需要や波及効果の大きい太平洋側に集中し、中国山地や日本海側の交通インフラの整備は非常に遅れています。もし、今回の東日本大震災のような災害が中国地方で起き、交通インフラが破壊された場合、救命や緊急輸送は困難を極めることになるでしょう。しかも現在、東日本大震災の勃発が、日本各地の地震の誘発や連動を引き起こすことが懸念されています。日本は地震活動期に入ったとも言われているのです。[*6]

これまで公共投資額を削減し続けてきた構造改革は、致命的な誤りだったのではないでしょうか。

日本の社会資本は足りない

自然災害が多いというだけでなく、そもそも日本の国土は、南北に細長く、平野が少なく山がちですから、広い平野を持つ欧米よりもインフラの整備費用が割高になるのも当然のことと言えます。しかも、日本は、欧米に比較し、土地所有権が細分化されている上、私権が強いため、用地買収に著しい費用と時間がかかるのです。

たとえば、フランスのシャルル・ド・ゴール空港は三〇〇〇ヘクタールですが、用地を提供した地権者は一〇人程度でした。これに対して、成田空港の場合は、御料《ごりょう》牧場などを利用して地権者の比較的少ない土地を選んだにもかかわらず、一〇〇〇ヘクタール程度の土地に一〇〇〇人を超える地権者が存在したということです。[*7]

こうしたことから、日本のインフラの建設・維持管理のコストが欧米よりもかかるのは、むしろ当たり前なのです。それにもかかわらず、日本の対GDP比の固定資本形成が、欧米と同水準にまで引き下げられたということは、逆に言えば、**日本の公共投資が不足して**

いるということを意味しているのです。

その上、そもそも、日本の交通インフラは、欧米主要国と比較して、量・質ともにレベルが低いのです。**日本は道路が多すぎるというのは、まったくの間違い**です。

たとえば、車両台数当たりの道路延長で見ると、日本は約一五キロメートル／万台であり、これはドイツよりも高く、イギリス並みですが、フランスは二五キロメートル／万台以上、アメリカは四五キロメートル／万台となっています。さらに、車両台数当たりの「高速道路」に限定すると、イギリスは日本の一・五倍弱、ドイツは二・五倍以上、フランスは三倍、アメリカは四・五倍にもなります。[*8]

また、日本の都市の道路は狭く、踏切や横断歩道が多いため、自動車の平均速度が低いということも指摘されています。[*9]たとえば、東京は一八キロメートル毎時に対し、パリは二六キロメートル毎時、ロンドンやフランクフルトは三〇キロメートル毎時、ニューヨークは三二キロメートル毎時、ミュンヘンは三五キロメートル毎時になります。一般に平均時速が一キロメートル毎時上がると、自動車の燃費は一％改善すると言われています。つまり、日本の道路インフラは、欧米と比較し、省エネルギーの観点から見ても最低水準にあるのです。

この他、港湾や空港の整備、学校や水道管の耐震化対策、景観の改善など、公共投資が明らかに不足している分野はたくさんあります。

ところが、アメリカ、イギリス、フランスは、日本よりも公共インフラが整備されているにもかかわらず、近年、一般政府の固定資本形成の総額を伸ばし続けています。他の先進国は、インフラ整備を着々と進めてきているのです。これに対し、日本はその総額を一九八〇年レベルにまで引き下げてしまいました。[*10]

既存のインフラも老朽化

このように日本のインフラ整備はとても十分と言える水準にはないのですが、もっと深刻なのは、**既存のインフラの老朽化の問題**です。[*11]

日本の公共インフラは、高度経済成長期に建設されたものが多く、今後一〇～三〇年間で大量更新時代を迎えると言われており、その更新投資額は二〇五〇年度時点で二〇兆円以上、二〇一〇～五〇年度で約四九〇兆円と試算されています。[*12]

また、平成一九年度国土交通白書によると、建築後五〇年以上を経過する社会資本の割合は、道路橋であれば一〇年後に約二〇％、二〇年後には約四七％に達します。水門など、河川管理施設は一〇年後に約二三％、二〇年後には約四六％、下水道管渠《かんきょ》は一〇年後に約五％、二〇年後には約一四％、港湾岸壁は一〇年後に約一四％、二〇年後には約四二％に達します。

こうしたことから、インフラの更新のための公共投資が必要なのですが、公共投資が削減されてきているため、更新がままならなくなっています。

このため、老朽化などに起因した道路陥没は、近年、増加傾向にあり、二〇〇〇〜〇四年の間だけでも約三万件もありました。*13 この他、老朽化による事故の代表例をあげると、一九九九年の博多駅付近の冠水《かんすい》、二〇〇九年の青森県八戸市の断水、二〇〇六年の福岡県行橋市と北九州市の漏水事故や呉市の送水トンネル崩壊事故、三重県木曾川大橋の破断の発見、二〇〇七年の香川・徳島県境の橋梁落下、一九九九年の京都府八幡市の中学校における壁面落下事故、二〇〇二年の京都府城陽市の学童保育所の壁面落下事故、二〇一〇年の静岡市の工業用水道管破損事故などがあります。

世間に流布する公共投資悪玉論の論拠は、不必要な公共事業が多すぎるというものでした。それが仮に事実だとしても、少なくとも必要な公共事業であれば実施してよいというのは、コンセンサスがあるはずでした。しかし、実際には、老朽化したインフラの更新による安全対策という、**最低限必要な公共投資すら、十分ではなくなっている**のです。

しかも、こうした安全対策や防災対策のための公共投資は、国民の生命と財産に関わるものですから、経済がインフレであり、需要が過剰であったとしても、必要になるはずのものです。それにもかかわらず、需要不足のデフレに苦しんでいるなかで、こうした国家として必要不可欠な公共投資すら削減しているのは、まったく理解できません。

公共投資の削減を是とするデフレ・レジームは、国民の生命を守るのに必要な社会インフラの整備すらやらせないというところまで、強力な支配力を及ぼしているのです。

復興予算はわずか二兆円!

そのことは、二〇一一年における東日本大震災後の政府の対応や世論の動向に、はっきりと現れました。震災発生後、当然、復興の議論が始まりましたが、それとほぼ同時に、財源を求める議論が持ち上がったのです。

しかし、震災からの復旧・復興はできるだけ早く進めるべきものです。なぜなら、復旧・復興には、人命や地域共同体の死活がかかっており、遅れれば遅れるほど、事態は深刻化するからです。財源などは、国債を発行して調達すればよいのであり、そのための財政赤字は国民全体で世代を超えて負担するしかありません。

ところが、この国は、財政赤字の拡大を心配して、被災地を復旧するための支出を惜しみ、あげくの果てに財源の議論を始めたのです。しかも、本格的な復興予算であるべき第二次補正予算は、**わずか二兆円に過ぎませんでした**。その結果、被災地は、およそ一〇カ月にわたって、ほとんど放置されたに等しい状態に置かれました。

日本の経済社会を支配し、蝕《むしば》んできたデフレ・レジームは、ついに「一〇〇〇年に一度」の大震災に襲われた人々や地域を助ける費用すら出し惜しむほどまでに、日本人の精神をも腐らせているのです。

しかし、デフレ・レジームは、なぜここまで、公共投資を目の敵《かたき》にするのでしょうか。

次節では、その思想的な背景を探ってみましょう。

2 デフレ・レジームの正体

「市場の原理」対「民主政治の原理」

デフレ・レジームは、一九七〇年代末に登場してから二〇〇〇年代末まで、およそ三〇年間、世界の経済政策担当者の思考を支配してきました。この三〇年間、各国の経済は、低インフレを目指して運営されてきたのです。

このデフレ・レジームは、政治経済学的に見て、重要な特徴があります。それは、**政治（とりわけ民主政治）による経済運営を排除しようとする傾向が強い**ということです。

ドイツの著名な社会学者であるヴォルフガング・ストリークは、第二次世界大戦後から今日の世界経済危機までの経済運営を、市場経済と民主政治との間の葛藤とみなしています。彼の議論は、本書で言うデフレ・レジームの本質を理解する上で非常に有効であるので、参照しておきましょう。*14

経済における資源配分には、大きく分けてふたつあります。ひとつは、**市場による資源配分**です。もうひとつは、**民主政治による資源配分**です。

主流派経済学では、前者の「市場の原理」による資源配分を重視し、後者の「民主政治の原理」による資源配分をできるだけ排除すべきであると考えます。主流派経済学の理論によれば、市場の原理は、その価格メカニズムによって効率的な資源配分を実現し、経済の均衡と安定を約束してくれるものです。

これに対し、「民主政治の原理」は、社会的なニーズを充《み》たすため、集団の民主的な選択によって、資源配分を実現しようとします。具体的には、政府が財政出動によって雇用を創出したり、規制によって社会的弱者を保護したりするとか、あるいは労働組合が労使交渉によって賃金の決定過程に参加することなどが例として挙げられます。

「市場の原理」と「民主政治の原理」は、当然のことながら、対立します。主流派経済学にとって、正しい経済政策とは、資源配分を市場にゆだね、政治は介入しないという「非政治的なもの」になります。しかし、民主国家においては、人々は失業や格差の拡大などを、「市場の原理」であるとして、自然の摂理を受け入れるかのように甘受することはできません。市場が生み出した社会的矛盾は、政治や社会運動の力によって是正しようという動きが必ず起きます。カール・ポランニーは、この運動を「対抗運動」と呼んでいます。*15

公共投資が敵視される理由

第二次世界大戦後、西洋諸国では「**民主資本主義**」という体制が成立しました。「民主資本主義」とは、市場の原理と民主政治の原理のバランスをとりつつ経済運営を進めるものです。いわゆる福祉国家は、そうした民主資本主義の所産と言えるでしょう。しかし、市場の原理と民主政治の原理のバランスが崩れると、民主資本主義は危機に陥ります。ストリークは戦後の資本主義の変遷を、この民主資本主義の危機の連続として描いています。

一九六〇年代半ばまでは、民主資本主義は比較的順調であり、労働者と資本家の間の協調が実現していました。労働者階級は、市場経済を受け入れる代わりに、民主的な政治参加によって社会保障と生活の安定を享受していました。しかし、六〇年代後半あたりから、西側諸国では、インフレが起き、経済成長が鈍化《どんか》していく一方で財政赤字が問題になっていくと、労働者と資本家の協調が崩れ、民主資本主義に対する不満が高まっていきました。

六〇年代後半から七〇年代のインフレ、低成長そして財政赤字によって、民主資本主義は正統性を失っていきました。そして、このインフレの問題を克服すると称して、新自由主義が台頭することになり、デフレ・レジームが成立したことは、すでに述べたとおりです。

「市場の原理」を重視する新自由主義は、インフレについて、「本来、経済の均衡と安定を達成すべき市場原理が、民主政治の介入によって邪魔をされた結果として起きた、不自然な現象である」と診断しました。たとえば、労働組合が労使交渉によって、本来あるべき水準以上に、賃上げを要求し続けるために、賃金が過剰に上昇する。あるいは、政治家が選挙で勝つために、地元に利益を誘導したり、有権者の要求に応じるままに公共投資を拡大したりするために、財政赤字が膨らみ、需要が過剰になる。要するに、民主政治がインフレの原因であるというわけです。

インフレとは需要が過剰である状態ですが、それはすなわち、**民主政治の過剰**とみなされたわけです。したがって、物価の上昇を抑圧するためには、民主政治を抑圧しなければならないということになります。**「デフレ・レジーム」とは、要するに、市場原理主義であるだけではなく、反民主主義でもあった**のです。

とりわけ、公共投資は、市場における民間主体ではなく、政治（民主国家であれば民主政治）が行う経済活動です。いわば、投資を政治化しているわけです。デフレ・レジームが公共投資を目の敵にするのは、それが、「市場の原理」に反する「民主政治の原理」の典型だからなのです。

政治の無責任化と空洞化

同じような視点から、イギリスの政治経済学者ピーター・バーナムは、一九九〇年代イギリスのトニー・ブレア政権の経済運営を分析しています。ブレア政権は、保守党のメージャー政権の新自由主義的な基本理念を引き継ぎつつ、さまざまな改革を推進しましたが、バーナムはブレア首相の戦略を「**非政治化**（depoliticisation）」と呼んでいます。*16

「非政治化された」経済運営とは、戦後から七〇年代半ばまでの「政治化された」経済運営と対照的なものであるとバーナムは指摘しています。

「政治化された」経済運営とは、ストリークの言う「民主資本主義」とほぼ同じものです。それは、政府が経済運営に責任を持ち、中央集権的な意思決定の下、裁量的な財政金融政策を行います。これに対して、「非政治化された」経済運営は、政府の裁量的な政策を排除し、ルールによる規律を重視します。

「非政治化された」経済運営が好むのは、規制の緩和や廃止、所得再配分政策からの後退、為替の安定（通貨の信認）の重視、中央銀行の独立性の強化、財政金融政策と為替政策の一体化、権力の分散化と地方分権、民営化、公共事業への民間資金の活用（ＰＦＩ）、国際的な経済連携や地域統合の推進といった政策です。

「非政治化」とは、市場の圧力とルールによる規律によって、政治による資源配分の権力をできるだけ制限し、経済を運営しようという戦略です。ただし、バーナムが強調するように、「非政治化」といっても、政治の関与が完全に消滅するわけではありません。「非政治化」を進める「政治」というものがあるからです。「非政治化」とは、いわば、政治が責任を負うことなく経済を運営しようという戦略なのです。その意味では、厳密には「非政治化」というよりは「**政治の無責任化**」と言った方がよいかもしれません。

ここで重要なのは、非政治化の戦略はグローバル化とも密接な関係があるということです。なぜなら、各国は国家主権を持っていますが、国家主権とは、各国がその国の政治的な意思決定の最高権力を有していることを意味します。政治は、基本的に国家単位で行われているわけです。したがって、非政治化すると、脱国家化＝グローバル化の方向へと向かうことになる。国際的なデフレ・レジームによって、国家主権を制限し、各国を非政治化するということです。

たとえば、世界貿易機関（WTO）のルールは、関税や補助金による特定の産業の保護を制限することで、国際貿易の非政治化を推進するものです。北米自由貿易協定（NAFTA）やTPPも同様に、地域間で、各国の国際貿易や国際投資に対する非政治化を進めるものです。あるいは、国際通貨基金（IMF）や世界銀行は、債務危機に陥った国を支援するに当たっては、国際市場による通貨の信認を重視し、財政赤字の削減や規制緩和、市場の自由化、民営化、高金利政策といった条件を突きつけました。国際機関の圧力によって、各国の主権を制限し、その国の経済運営を非政治化し、市場の原理を導入しようというのです。

EU危機の真相

こうした国際的な非政治化の最たる例が、ヨーロッパ連合（EU）、特に、ユーロという共通通貨制度でしょう。EUは、その根拠法であるマーストリヒト条約により、欧州中央銀行が単一通貨ユーロを発行して金融政策を実施することになりました。加盟各国はその結果、金融政策や為替政策の権限を失ったのです。また、マーストリヒト条約は、ユーロの国際的な信認を守るため、各国の財政政策に関しても、財政赤字はGDPの三％まで、公的債務残高は原則としてGDPの六〇%までと制限しています。

ＥＵとは、いわばヨーロッパ・レベルのデフレ・レジームなのです。実際、マーストリヒト条約は、欧州中央銀行の主要目的を「価格安定を維持すること」と明記し、「価格安定の目的に対して偏見がなされることがない範囲で、高い雇用水準と持続可能でインフレをもたらさない経済成長の実現という共同体の目標に寄与する経済政策を支持する」と規定しています。

しかし、マーストリヒト条約のデフレ・レジームは、インフレを防止する上では有効なのかもしれませんが、反対に、デフレに対しては、逆効果になるはずです。

まさに、そのとおりのことが現在、進行しています。世界金融危機やギリシャやアイルランドにおける債務危機が発生すると、ＥＵは苦境に陥りました。ユーロ加盟国は、金融危機の勃発によるデフレ不況を阻止するための措置を講じたくても、財政政策の裁量権が厳しく制限され、金融政策や為替政策については裁量権が全くないため、どうにも動きがとれません。それどころか、共通通貨ユーロの信認を維持するため、債務危機国に対しては、厳しい財政再建策が課せられました。このため、ギリシャやアイルランドは深刻なデフレ不況に突入しつつあります。

しかも、国際金融市場は、たとえばアイルランドの国債の格付けを引き下げることで、財政再建の圧力をかけておきながら、アイルランドが財政再建策を打ち出すと、今度はそれによる不況を予測してさらに格付けを引き下げるという、全く非合理的な反応をしました。

結局のところ、**市場による規律では、債務危機を解決できない**のです。

なぜ、EUは**ユーロというシステムは、金融危機やデフレを想定せず、インフレの防止のみを主眼にしたデフレ・レジーム**であったということです。

なぜ、EUはデフレを想定していなかったのでしょうか。おそらく、EUの設計者たちは、資本主義は市場メカニズムを通じて均衡と安定に向かうと想定していたのだと思われます。だから国際条約によって非政治化さえ行えば、政治の不適切な介入によるインフレは防止することができ、後は、市場の価格メカニズムが自動的に需給を調整してくれると考えていたのでしょう。彼らは、ミンスキーとは異なり、資本主義は本質的に不安定なシステムであるという認識を欠いていました。このため、世界金融危機の勃発により、ユーロ・システムは機能不全に陥ってしまったのです。

共通通貨ユーロという時代を画する壮大な構想も、この三〇年間、支配的であったデフレ・レジームの産物に過ぎなかったのです。

3　金融資本主義――デフレ・レジームの副産物

誕生の背景

デフレ・レジームは、そもそも、一九七〇年代のインフレを克服するために、七〇年代末から八〇年代前半にかけて成立した政策レジームでした。しかし、それは単にインフレを退治しただけにとどまらず、資本主義のあり方を大きく変質させるという副産物を生み出しました。すなわち、金融市場が経済活動のあり方を大きく左右する**金融資本主義**が誕生したのです。

アメリカの社会学者グレタ・クリプナーの最近の研究によれば、デフレ・レジームは、次のようにして、資本主義を変質させました。[*17]

第一に、七九年にFRB議長に就任したポール・ボルカーは、インフレ退治を掲げて、急進的な高金利政策を断行しました。そのため、アメリカは大不況に陥り、失業率は世界恐慌以来、最悪を記録しました。

企業は、高金利のため、資金調達が困難になり、技術開発投資など、リスクを伴う長期的な投資に消極的になり、安易に短期的な利益を追求するようになっていきました。この短期志向は、アメリカの製造業の競争力を弱体化させていきました。また、高金利政策に伴うドル高は、アメリカの輸出競争力を低下させ、製造業の弱体化に拍車をかけました。

第二に、効率市場仮説を支持する新自由主義の信念に支えられて、金融市場の自由化が進められました。その結果、さまざまな金融商品が開発され、金融市場が膨張すると同時に投機的な性格が強まり、伝統的な商業銀行の手堅い間接金融は衰退していきました。

第三に、ボルカーの高金利政策がもたらした大不況により、失業対策のための財政支出がかさんだ上、レーガン大統領が軍事費など財政支出を膨張させたため、政府債務が増加しました。高金利の下での政府債務の増加は、金利のさらなる上昇圧力になりますが、これは海外からの資金を呼び込むこととなり、アメリカの経常収支赤字が拡大していきました。マネーのグローバル化が進んだのです。

こうした**企業の視野の短期化、金融市場の自由化、マネーのグローバル化**があいまって、製造業が後退し、金融のウェイトが大きくなる「金融資本主義」が形成されていったのです。しかも、こうした傾向は、九〇年代以降、さらに進展しました。

しかし、ミンスキーが強調したように、金融市場は、将来予測や期待といった不確実な主観によって大きく左右される不安定なものですから、金融市場が優位する資本主義は、バブルとその崩壊（ブーム&バースト）を繰り返すこととなります。実際、一九八七年のブラック・マンデー、九〇年代初頭のS&L危機、二〇〇〇年代初頭のITバブルの崩壊など、アメリカの景気循環は、ほとんどが金融に由来するものとなっていきました。

グリーンスパンの失敗

二〇〇一年にITバブルの崩壊に起因する金融危機が起きた際、当時のFRB議長のアラン・グリーンスパンは、大胆な金融緩和を行って、この危機を乗り切りました。それ以後、二〇〇〇年代半ばまで、アメリカ経済は、低インフレであるにもかかわらず、好景気で失業率が低く、政府債務も抑制されるという繁栄を謳歌したのです。この繁栄は「グレート・モデレーション」と呼ばれ、グリーンスパンの経済運営が称賛されました。

この時期のグリーンスパンは、主に物価と賃金の上昇率に着目して、経済運営を行っていました。物価と賃金が上昇する気配があれば金融を引き締めるが、その気配がなければ動く必要はないということです。グリーンスパンは、インフレを未然に防ぐことを最大の関心事としていたのです。それは、まさにデフレ・レジームの金融政策でした。

しかし、アメリカの物価と賃金の上昇率が低く抑えられていたのは、グローバル化による安価な製品の輸入や金融資本主義など、第一章で論じたようなデフレ圧力によるものと思われます。また、政府債務は抑制されていましたが、住宅バブルが起きていて、家計の債務が急激に増加していました。政府に代わって民間が債務を増やして、景気を刺激していたというわけです。

グリーンスパンは、物価や賃金の動向だけを見て経済状況を判断していたため、住宅バブルの発生という金融市場の異常に気づくのが遅れました。このため、住宅バブルが崩壊し、アメリカそして世界の経済が出口の見えない大不況に陥ると同時に、グリーンスパンの名声も地に落ちてしまいました。

ミンスキーが主張したような金融資本主義の不安定性に関する認識を欠き、「物価を指標として、インフレを起こさないように気をつけて、金融政策を行えばよい」というデフレ・レジームの発想にとらわれていたことが、グリーンスパンの命取りとなったのです。

新たなレジームに向けて

このように、デフレ・レジームは、単にインフレを退治する政策レジームであったのではなく、資本主義を金融優位のものへと変質させ、しかも極端に不安定化させるものでした。そして、その不安定化した金融資本主義は、デフレ・レジームの経済運営では制御不能であることが、ＥＵやグリーンスパンの失敗によって明らかになっています。

そうだとすると、デフレ・レジームからの転換は、単に経済がインフレからデフレに変わったからというだけではなく、資本主義を健全化するためにも必要だということになります。**新たな政策レジームは、デフレに終止符を打つものであると同時に、金融資本主義に代わる新たな資本主義の形をつくるものでなければならない**のです。

このような大きなふたつの課題を前にして、またしても迷走しているのは日本です。日本は、デフレに突入しようとしているときにデフレ・レジームを導入し、実際にデフレを引き起こしておきながら、それを変更しようとしませんでした。それに加えて、デフレ・レジームが生み出したアメリカの金融資本主義を、新たな経済モデルと誤認して、改革の目標とするという愚まで犯していたのです。

では、デフレを脱却し、資本主義を健全化するための政策レジームとはどのようなものなのでしょうか。そして、政策レジームの転換のためには何が必要なのでしょうか。次章で検討していきます。

注

＊1　電力市場の自由化については、文藝春秋編『日本の論点２０１２』（二〇一一年）の拙稿をご参照ください。
＊2　村松岐夫『日本の行政――活動型官僚制の変貌』中公新書、一九九四年、二八―二九頁
＊3　岩田規久男『デフレと超円高』講談社現代新書、二〇一一年
＊4　Ha-Joon Chang, *23 Things They Don't Tell You About Capitalism*, New York: Bloomsbury Press, 2010.
＊5　http://www5.cao.go.jp/j-j/wp/wp-je11/pdf/p02022.pdf
＊6　藤井聡『列島強靭化論――日本復活5カ年計画』文春新書、二〇一一年。藤井聡『救国のレジリエンス――「列島強靭化」でＧＤＰ９００兆円の日本が生まれる』講談社、二〇一二年
＊7　大石久和『国土学再考――「公」と新・日本人論』毎日新聞社、二〇〇九年、八九頁
＊8　藤井聡『公共事業が日本を救う』文春新書、二〇一〇年。三橋貴明『黄金の復興計画――成長を阻む道路不要論から脱却せよ』角川書店、二〇一一年
＊9　藤井前掲『公共事業が日本を救う』、第六章
＊10　藤井前掲『公共事業が日本を救う』
＊11　藤井前掲『公共事業が日本を救う』、第三章。根本祐二『朽ちるインフラ――忍び寄るもうひとつの危機』日本経済新聞出版社、二〇一一年

＊12　神尾文彦「公共インフラにおけるアセットマネジメントの必要性と意義」野村総合研究所、二〇〇九年

＊13　国土交通省「下水道・計画的な改築の推進」http://www.mlit.go.jp/crd/sewerage/sesaku/03kaichiku.html

＊14　Wolfgang Streeck, "The Crises of Democratic Capitalism", *New Left Review*, 71, Sep/Oct 2011, pp. 5–29.

＊15　カール・ポラニー『[新訳] 大転換――市場社会の形成と崩壊』野口建彦、栖原学訳、東洋経済新報社、二〇〇九年、第11章

＊16　Peter Burnham, "New Labour and the Politics of Depoliticisation", *The British Journal of Politics and International Relations*, 3, 2, June 2001, pp. 127–9.

＊17　Greta R. Krippner, *Capitalizing on Crisis: The Political Origins of the Rise of Finance*, Cambridge MA: Harvard University Press, 2011.

第四章　日本財政は破綻しない

——レジーム・チェンジの考え方

1 公共投資の重大な意義

ミンスキーの処方箋

本章以降は、いよいよ、デフレを克服するための方策を明らかにしていきます。

第一章において、デフレという現象の本質を理解するために、ハイマン・ミンスキーの理論を参照しました。そのミンスキーがデフレに対してどのような処方箋を書いているのか、そこから議論を始めましょう。

ミンスキーによれば、資本主義とは、将来得られる利益の「期待」という不確実な主観に頼って動く金融の上に成り立っており、それゆえ、自動的に安定することはあり得ません。むしろ資本主義は、自由に放任するならば、好況の時にはバブルになり、バブルがはじけて金融危機になればデフレ不況へと必然的に転落していく不安定で脆弱なシステムなのです。一九三〇年代の世界恐慌は、資本主義の不安定性を示す代表的な例でした。

しかし、本書の冒頭に述べたように、戦後、(日本を不名誉な例外として) デフレに陥った国はありませんでした。なぜ、戦後の資本主義は、デフレ不況を回避し続けられたのでしょうか。それが分かれば、不安定な資本主義を安定化するための方策を見いだすことができるかもしれません。

実は、そう考えたのが、他ならぬミンスキーなのです。

ミンスキーは、戦後の資本主義を観察し、金融危機はたしかに起きてはいるものの、それがデフレ不況にまで発展しなくなっているという事実に気づきました。

たとえばアメリカでは、一九六二年に金融危機が起きています。ところが、この時の金融危機は、二九年の世界恐慌とは異なり、デフレを引き起こしませんでした。なぜか。

こう問題提起を行ったミンスキーは、デフレを抑止する機能をふたつ特定しました。

ひとつは、**中央銀行の機能**です。二九年の世界恐慌の原因のひとつは、金融危機の発生によって信用収縮が起き、民間金融市場が機能不全に陥ったのに、アメリカの連邦準備銀行が資金供給の拡大を図らなかったことにあります。しかし、戦後は、同様の事態が生じると、中央銀行が適時に資金を市場に供給するようになり、貨幣不足によるデフレを阻止《そし》できるようになったのです。

デフレを抑止するもうひとつの機能として、ミンスキーが特定したのは、**政府支出**でした。

ミンスキーは、戦前と戦後のアメリカの資本主義を比較し、その政府の大きさの違いに注目しました。アメリカの政府支出のＧＤＰに占める比率は、一九六二年には、二九年の約一〇倍になっていました。そこから、ミンスキーは、政府支出の大きさがデフレを起こしにくくしているのだと考えたのです。

資本主義という経済システムでは、現在の投資は、将来の利潤が期待される時にのみ行われます。しかし、将来の利潤に対する期待が悲観的になれば、現在の投資が行われなくなり、需要不足となり、デフレが発生します。しかし、もし減少した投資を政府の公共投資が補い、不足する需要を埋め合わせれば、デフレ・ギャップがなくなり、物価の下落が止まるというわけです。

たとえムダな施設でもよい

デフレとは、民間企業や消費者が融資を受けて投資や消費を行うことを控えるようになることで生じる需要の縮小の悪循環ですが、ポイントは、物価の下落＝貨幣価値の上昇という局面で投資や消費を控えるのは、**経済合理的な行動**だということです。民間主体が経済合理的である限り、貨幣価値の上昇が予想されるにもかかわらず、負債を増やしたり投資を拡大したりすることはあり得ません。

したがって、経済がデフレに陥ると、民間主導で投資や消費が伸びて、需要を拡大し、デフレを脱却するということはあり得なくなります。デフレでも、投資や消費を拡大できるのは、経済合理性を無視する愚か者だけです。ですが、そんな愚か者がいてくれなければ、デフレ下では需要は絶対に増えません。しかも、何十兆円という需要不足を補うほどに、巨額の投資や消費を行う大馬鹿者がいなければ、デフレを脱出することはできないのです。

そのような大馬鹿者になれるのは、政府の他にありません。

たとえば、需要が二〇兆円不足して、物価が下落し続けていたとします。そこで、政府が二〇兆円よりやや大きい公共投資を行い、需要を生み出したとします。すると、供給が需要をやや上回ります。この状態を数年の間続けていくと、物価が上昇を続けます。その時点で、物価の上昇＝貨幣価値の下落ですから、経済合理的に考える企業は、お金を持っていると価値が目減りすることになるので、銀行からお金を借りて投資を行った方が得になると考えるようになります。こうして、民間企業が投資や消費を増やしていくようになります。そうなった段階で、政府は民間の需要が増えた分だけ、公共投資を減らしていくことができます。いや、むしろ、政府は支出を切り詰めていかないと、需要が過剰になり、過度のインフレが起きてしまうおそれがあります。

ここで重要なのは、公共投資の意義が、あくまでもデフレを引き起こしている需給のギャップ（デフレ・ギャップ）を解消するところにあるということです。

公共投資には、「無駄」という批判が根強くあります。一般に、公共投資が無駄であると言われる時、それは、あまり利用されないような道路や公共施設を政府がやたらと乱造しているということを意味しているようです。

しかし、今、議論している公共投資の意義は、建設された土木施設の有効利用についてではありません。あくまで、土木施設の建設という経済行為そのものが、需要不足を解消し、物価の下落を止めるというところにあります。

かつてケインズは、『雇用、利子および貨幣の一般理論』において、不況時における浪費的な政府支出の意義を説明するにあたり、「大蔵省が銀行券を廃炭坑に埋め、しかる後にそれを掘り出すだけでもいい」と述べました。[*1] この台詞は、財政出動の愚かしさを強調する文脈でしばしば引用されてきました。たしかに、常識で考えると、ばかばかしく聞こえます。

しかし、デフレ時においては、これは正しい主張なのです。デフレ時には、タヌキや熊しか通らない道路のような、まったく無駄な施設を造るための公共投資であっても、デフレ・ギャップを埋めて、恐ろしいデフレを止めるという意味では有効です。

公共事業をめぐる誤解

需要が不足するデフレの時には、政府が投資を拡大するしかないのですが、これについては、次のような誤解もあります。それは、政府が、旧来型の産業である建設業が潤《うるお》うような公共事業ではなく、将来、成長が期待される新たな産業分野に投資すべきであるという意見です。

しかし、実際のところ、将来的に成長しそうな産業を見つけることについては、政府の能力は甚《はなは》だ心許《こころもと》ないものです。そんなことをやるよりも、政府がやるべきは、とにかく、デフレを止めて穏やかなインフレになるように、需要と供給のギャップを埋めることなのです。

経済がデフレからインフレになれば、民間主体による積極的な投資や消費が可能になります。そうなれば、成長が期待される新たな産業や需要は、なにも政府が指定しなくても、民間主体が見つけ出してくれるでしょう。デフレさえ脱却すれば、新たな産業を生み出す市場の機能は、かなり信頼に足るものになると私は思います。政府は、新たな需要の開拓などはしなくてもよいから、とにかく物価を上昇させるべく、需要の不足分を埋めるべきなのです。

もちろん、誤解を避けるために言えば、無駄な施設を造るよりも、必要な施設を造った方が良いのは間違いありません。それでも、デフレ時には、穴を掘って埋めるだけの公共投資であっても、全くやらないよりははるかにましなのです。**そのような一見非常識なことが正しくなるのは、デフレがそれだけ異常な経済状況だからなのです。**

しかも日本の場合は、無駄な施設を乱造する必要などありません。それどころか、前章で述べたとおり、東日本大震災からの復興のみならず、来るべき大地震に備えた耐震化や津波対策、特にインフラの冗長性の向上、気候変動に伴う水害や雪害対策、老朽化した施設や設備の更新、地方をつなぐ交通インフラの充実など、膨大な公共需要が存在します。しかもこれらの公共事業は、国民の生命と財産を守るという国家の基本的な役割にかかわるものであり、たとえインフレであろうが、実施しなければならないはずのものです。

求められるのは政府の積極的な活動

ミンスキーは、公共投資の拡大と金融緩和によってデフレを阻止するというだけではなく、**資本主義のあり方そのものを改革しなければならない**とも論じています。

前章において議論したように、デフレ・レジームは、単に物価上昇率を抑制しただけではなく、金融資本主義という不安定な経済システムをも生み出しました。ミンスキーもそのことに気づき、そしてそれを深く憂慮したのです。そこでミンスキーは、より安定的な資本主義を構築するために、次のような政策や制度改革を提言しています。

金融政策については、投機活動には不利になるように、安定的に運営する必要がある。金融制度は、革新的であるよりも保守的であるべきである。金融が安定的になれば、むしろ長期的な投資が可能になり、産業の創造性が生まれるだろう。[*2] また、地域の中小金融機関が、地元の中小企業との密接な関係の下、短期資金を供給する堅実な業務を行う「コミュニティ開発銀行」のシステムを構築すべきである。[*3]

政府は、社会保障、教育、社会資本整備、産業政策などの公的分野において積極的な役割を果たす「**大きな政府**」がよい。公共投資のＧＤＰに占める比率は民間投資と同じか、あるいはそれ以上になるくらいが望ましい。

より具体的には、たとえば、農業に関して言えば、農家は、農産品価格の下落による悪影響から保護されるべきである。その場合、消費者が高い農産品を買わなければならなくなるという問題が生じるが、所得が安定すれば、農家は新技術を導入することができ、農業生産性は向上する。[*4]

また、鉄道や原子力発電など、公共的性格が強く、大規模な資本を必要とするために民間企業のみでは適切に経営できない場合は、国有化すべきである。[*5]

所得格差の縮小も必要である。ただし、単なる所得移転ではなく雇用拡大や職業訓練によって、これを解決すべきである。なぜなら、働かなくとも所得が得られるというようでは、今度は逆に「需要過剰／供給不足」になり、長期的には悪性のインフレをもたらしかねないからだ。特に重要なのは、公的機関による雇用である。公的な雇用は、営利を目的としない雇用機会を創出するため、最低賃金レベルの労働需要を無限に増やすことができるので、インフレを防止できる。[*6]

資本主義と民主主義の救出

このようにミンスキーは、金融については保守的な運営を望ましいとするのに対し、政府については**積極的な経済活動**を求めています。これは、デフレ・レジームとは全く対照的な発想です。

デフレ・レジームは、効率市場仮説を支持し、金融市場が効率的な資源配分を実現すると想定しています。したがって、金融市場については自由化を志向する一方で、政府の役割を縮小することを要求します。これに対し、ミンスキーは、金融市場による資源配分は必ずしも望ましいものとならないだけではなく、必ず不安定化し、崩壊するものであると考えています。したがって、政府が公共投資や規制を通じて資源配分を行うとともに、経済システムを安定化しなければならないというわけです。

言い換えれば、デフレ・レジームが、資本主義を「非政治化」するものであったのに対し、ミンスキーは**資本主義を「再政治化」していこうとしている**のです。だからこそ、過去三〇年に及ぶデフレ・レジームの支配の下で、ミンスキーは異端視され続けてきたのです。

しかし、ミンスキーは政府の積極的な介入を重視し、資本主義を政治化しようとしてはいますが、社会主義者のように、資本主義に代わる全く新しい経済システムを構築しようとしているわけではありません。むしろ、**資本主義を救出するために**、そうすべきだと言うのです。

資本主義は、放置すれば必ず金融危機を引き起こし、デフレに陥る不安定な経済システムです。デフレに突入すれば資本が動かなくなるので、「資本」主義は心肺停止状態に陥ります。しかし、公共投資によって資本を動かし、デフレから脱却して穏やかなインフレになれば、民間企業は再び投資を活発化させていくことになり、資本主義は復活します。また、金融市場に対する規制は、金融危機を起こりにくくし、資本主義の心肺停止を未然に防止しようというものです。

資本主義には、主流派の経済学者が信じているような均衡に向かう自動安定化のメカニズムは存在せず、必ず不安定化し、崩壊します。政府による公共投資や規制、あるいは中央銀行による介入は、資本主義にとって代わるものではありませんが、不完全な資本主義を補完し、その自滅を予防するために必要なのです。

デフレから守られるべきは、資本主義だけではありません。第二章で論じたように、デフレは生活を破壊し、社会を崩壊させ、民主政治を堕落させます。健全な社会や政治を守ることは、経済政策の最も重要な目的です。資本主義の政治化は、そのために必要なのです。こうしたことから、ミンスキーは、晩年、次のように述べています。

経済政策の目的は、開かれた自由な市民社会・文明社会の水準を維持するために必要な経済的前提条件を確保することである。もし、不確実性の増大と所得格差や社会的不平等の拡大が民主主義の経済的基礎を弱体化するなら、こうした状況を作り出した市場の行動は制限されなければならない。民主主義を維持し、不確実性を緩和するために、市場の効率性や総所得を多少あきらめる必要があるなら、そうすべきなのだ。*7

2　財政赤字をどう捉えるか？

政府は大馬鹿者を演じよ

日本では、公共投資は無駄であるという理由で、デフレにもかかわらず、公共投資を削減してきました。しかも、前章において確認したように、公共施設の老朽化対策や防災対策など、国民の生命や財産を守るために、たとえインフレを引き起こそうが実行しなければならない公共投資すら、この国は惜しんできたのです。

もちろん、それには理由がないわけではありません。公共投資が減らされてきたのは、**財政赤字の拡大**が問題視されているからでしょう。そこで、この財政赤字の問題を片づけておきましょう。

よく知られているように、この十数年、日本はデフレのなかにあって財政赤字が悪化してきました。政府の累積債務はＧＤＰのおよそ二〇〇％にまで達しています。このため、日本の財政は破綻するのではないかという声が高まっています。これまで、デフレにもかかわらず、公共投資の削減が行われてきたのも、財政赤字をこれ以上拡大させてはならないということだからでしょうし、昨今も、増税の議論が浮上しています。

しかし、異常な世界であるデフレ下においては、政府債務が増加することは、必ずしも問題視すべきことではありません。

貨幣価値が上昇するデフレ下では、企業は債務を負ってまで投資を行わず、むしろできるだけ早く債務を返済しようとします。このため、銀行は、貸出先を失った大量の資金をもてあまして困るという状態になります。だから、デフレ下では、金利が低迷するのです。

ここで再び、デフレであるにもかかわらず、政府が銀行から巨額の資金を借りて、投資を行う大馬鹿者を演じることが必要になるのです。

政府は、国債を発行して、需要がないために貯蓄として滞留《たいりゅう》している資金を吸収し、その資金を公共投資によって吐き出して還流させるというポンプの役割を果たします。デフレ下であるにもかかわらず、政府が国債を発行せず、公共投資を削減したら、デフレは悪化し、資金はますます余剰になります。国債を発行しなければ、困るのは、民間企業や民間金融機関なのです。

二度の大失策

このように、デフレの時は、民間企業は投資と債務を削減していくので、政府が民間企業に代わって公共投資を増やし、政府債務を増やさなければなりません。逆に言えば、政府が公共投資を削減し、政府債務を抑制して、財政健全化を目指すべきなのは、インフレの時だということです。インフレであるにもかかわらず公共投資が増えたら、インフレがひどくなったり、あるいはバブルが起きたりします。

ところが、日本は、一九九〇年代後半のデフレの時に、公共投資を削減し続けてデフレを長期化させただけでなく、八〇年代後半のインフレの時には、公共投資を増やしてバブルを引き起こしていたのです。

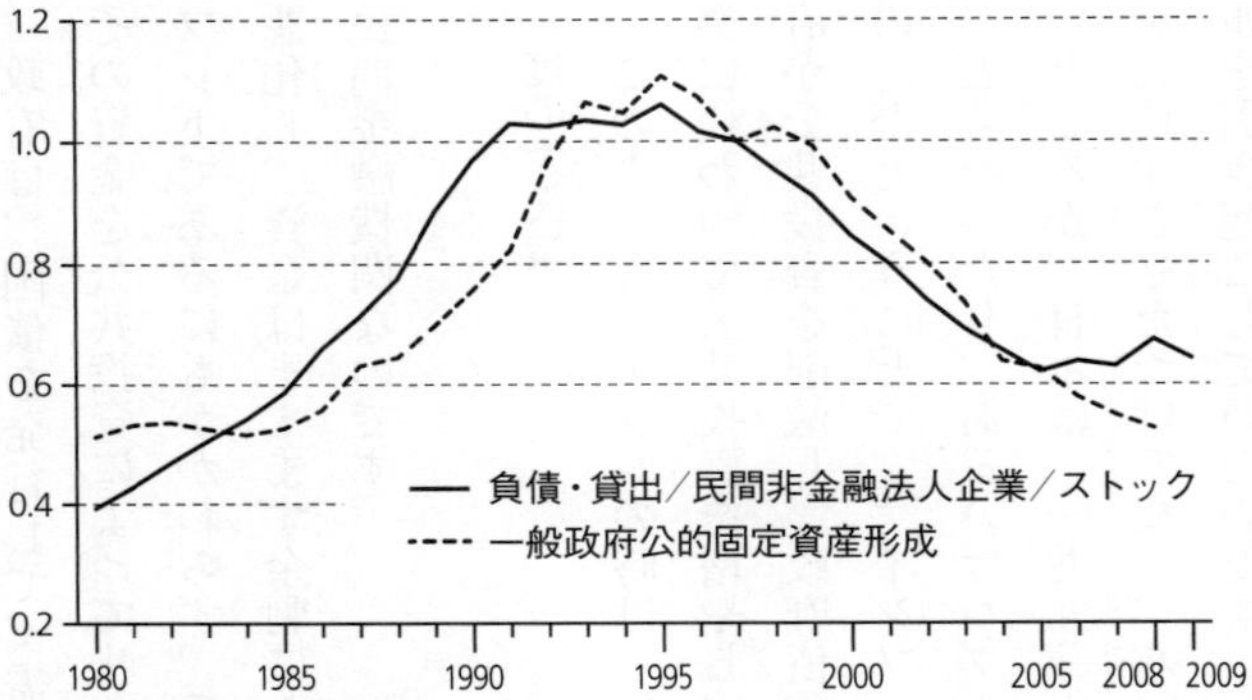

図5　民間企業の負債と公共投資の推移

出所：日本銀行「資金循環統計」、内閣府「平成20年度国民経済計算」

図5をご覧ください。

八〇年代後半、好景気により、民間企業が旺盛な投資を行っていたため、民間企業の負債も急増しています。ところが、公共投資（一般政府公的固定資産形成）も同時に増加しています。なぜ、好景気にもかかわらず、公共投資は増え続けたのでしょうか。

当時、アメリカの貿易赤字の拡大が問題になっていました。アメリカは貿易不均衡を是正するため、日本に内需の拡大を強く要求しました。日本はアメリカの要求に屈する形で、内需拡大のため公共投資を増額したのです。さらにまずいことに、景気拡大が続くなかで金利を引き上げるべきところ、一九八七年一〇月一九日にアメリカで金融危機（「ブラック・マンデー」）

が起きたため、日銀は低金利を維持せざるを得なくなりました。

要するに、八〇年代末は、景気が良いにもかかわらず、公共投資の拡大と金融緩和が行われていたというわけです。これでは、資産バブルが起きても当然です（他方、物価上昇率は円高のデフレ圧力によって比較的抑制されていました）。

九〇年代初頭にバブルが崩壊すると、景気対策として公共投資が増やされました。この時期の公共投資は効果がなかったという評価がよく見受けられますが、しかし、**図5**にあるように、九〇年代半ばまで民間負債は横ばいであり、**公共投資がデフレを抑止していたことが分かります**。当時の公共投資は無駄ではなかったのです。

ところが、九六年以降、公共投資が減額されたため、それに伴って民間負債も激減しました。デフレに突入したのです。それにもかかわらず、二〇〇〇年代を通じて、公共投資は削減され続けたため、当然の帰結として、民間負債も減少していきました。

こうして見ると、日本の経済運営は、八〇年代後半以降、二度にわたって、やるべきこと逆をやったことになります。

まず、八〇年代後半、好景気でインフレを懸念しなければならなかったにもかかわらず、公共投資を拡大し、金利も引き下げたため、資産バブルを引き起こしました。そして、九〇年代後半以降は、今度は不景気でデフレを懸念しなければならないというのに、公共投資を減額し続け、金融緩和も不十分でした。

不況ならば財政出動を行い、好況ならば財政支出を削減するといった、政府の裁量による経済運営は「ケインズ主義」と呼ばれていますが、八〇年代以降、このケインズ主義はもはや有効ではないと言われてきました。九〇年代後半以降の構造改革論は、まさに「ケインズ主義的な財政政策では景気回復はできない」という信念に基づいていました。しかし、実際には、日本が長期の不況に陥ったのは、ケインズ主義が無効だからではなく、**ケインズ主義とは逆のことを二度もやったからだった**のです。

これでは、「失われた二〇年」となっても何ら不思議ではありません。ここ二〇年の日本経済の凋落《ちょうらく》は、結局のところ、経済運営の根本的なミスの連続によるものだったのです。

国債発行と増税の違い

このように、デフレの時は民間の投資と債務が減るので、政府が投資と債務を増やすべきなのです。

これに対して、民間に滞留する貯蓄は、国債の発行ではなく増税によって吸い上げればよいという意見もあります。そうすれば、政府債務をこれ以上増やすことなく、政府支出を拡大できるという発想のようです。

ここで問題となるのは、民間資金の吸い上げ方です。消費税などの増税は、民間の貯蓄ではなく、投資や消費に回すべき分（可処分所得）からお金を強制的に吸い上げてしまう可能性が高いのです。それでは、需要はさらに縮小します。仮に財政出動が需要を創出したとしても、その分は、増税によるデフレ効果によって相殺されてしまうので、元の黙阿《もくあ》弥《み》です。

しかし、政府が、消費に回すべき所得ではなく、滞留する民間貯蓄から、もっとうまく資金を吸い上げる手段があります。その手段こそ、**国債**なのです。

民間主体は、資金運用の一手段として国債購入を選択するので、国債が吸い上げる資金は、ほぼ貯蓄になります。それも課税のように国家が強制するのではなく、市場を通じて吸い上げることができます。

多くの人が、国債の発行は借金を増やすので悪いことだというイメージを抱いていま す。こうしたことから、増税に賛成する人も少なくないのでしょう。しかし、マクロ経済運営の観点から見ると、課税も国債発行も、民間の資金を政府が吸い上げる手段であるという意味では、同じです。

ただ、課税と国債発行では、民間の資金を吸い上げる目的が違うのです。課税は、可処分所得からお金を吸い上げて、民間の消費や投資を抑制します。したがって、消費や投資が過剰になって困るインフレを退治するために、増税という手段が使われるのです。

これに対して、国債発行は、デフレで行き先を失って滞留している貯蓄にターゲットを絞って吸い上げ、それを政府による消費や公共投資へと回すことができます。だから、**国債発行は、デフレ対策として有効**なのです。

もちろん、民間の貯蓄に課税をして、お金を吸い上げるという手もあるかもしれません。

しかし、課税は、政府が法的な権力によって強制するものですが、国債発行であれば、市場を通じて容易にお金を吸い上げることができます。その意味で、国債発行は、貯蓄に対する課税よりも優れた手段であると言えます。

ただし、国債発行は、いずれ利子をつけてお金を返済しなければならないという点では、お金を強制的に徴収する課税とは違います（だからこそ、課税は法律がなければできないのですが）。こうしたことから、政府がこれ以上債務を増やすと、返済ができなくなって財政が破綻するのではないかという懸念が出てくるわけです。

しかし、この懸念は間違いです。**特に、デフレ下の日本には、財政破綻はまったくの杞《き》憂《ゆう》なのです。**

日本が財政破綻しない理由

順を追って考えてみましょう。

そもそも、投資を行うために借金をすることは、資本主義においては正常な経済活動であり、民間企業では普通に行われていることです。債務を負って投資をすることが悪いことだとしたら、資本主義それ自体が悪いことだということになってしまいます。ですから、民間企業が債務を負って投資を行うように、政府も債務を負って公共投資を行うことは、資本主義においては、当然の活動です。

ただし、民間の債務と政府の債務では、次の点が決定的に異なります。民間企業は、利益を出して債務を返済しなければなりません。これに対して、政府は、将来の税収増によって債務を返済しなければならないというわけではない。というのも、政府は通貨発行権を持っているため、最終的な手段としては自国通貨を発行して返済に充《あ》てるという特権を有しているからです。

日本やアメリカは、それぞれ円とドルという自国通貨建てで国債を発行しています。このため、日本やアメリカが返済不能に陥るということは、制度上はあり得ません。実際、歴史上、自国通貨建てで国債を発行している国の財政が破綻した例はありません。

財政破綻した国というのは、自国通貨ではなく外貨建てで国債を発行していたがために、返済不能に陥ったのです。たとえば、最近では、ギリシャやイタリアなど、ユーロ加盟国の財政危機が問題化しています。これらの国々は、ユーロ建てで国債を発行しており、かつユーロの発行権を有していないがために、返済不能になるということがあり得るわけです。

日本では、政府債務残高がGDPのおよそ二〇〇%になっていることをもって、財政危機を懸念する声が絶えません。しかし、財政危機に陥ったギリシャの場合、そのGDPに対する政府債務残高は一〇〇%でした。かつて財政破綻したアルゼンチンやロシアの場合は、五〇〜六〇%程度でした。このように、**政府債務の規模それ自体は、財政危機の度合いを図る指標にはならない**のです。

なお、政府の債務は返済不能にはなりませんが、地方自治体の債務は返済不能になることはあり得ます。その理由もまた、地方自治体には通貨発行権がないからです。したがって、地方自治体が財政危機に陥った場合、財政破綻を回避するためには、中央政府が地方自治体のために財源を手当てする必要があります。

このことは、中央政府が地方に財源を移譲し、地方への公共事業から後退する地方分権改革もまた、デフレ・レジームの一環であることを意味します。なぜなら、通貨発行権のない地方政府には財政の制約が中央政府よりはるかに厳しくなるからです。それゆえ、地方分権改革は、結果として財政支出を抑制する圧力となります。

地方分権とは、地方の自主性がより尊重されるということで歓迎されてきましたが、これもまた、デフレ下に行うと、デフレを悪化させる政策になるのです。

財政破綻説はここが間違っている

さて、もし、日本政府が財政危機であるならば、市場では通貨が暴落し、また長期金利が急騰するような反応があるはずです。実際、たとえば財政危機が判明したギリシャの長期金利は暴騰し、ユーロは下落しました。これに対して日本はどうでしょうか。日本の長期金利はこの一〇年間ほど世界最低水準で推移しており、円については高騰して困っているくらいです。日本が財政危機にあると主張する人は、なぜこのような現象になっているのかを説明すべきでしょう。

自国通貨建て国債が返済不能になることはないということは、意外にも、日本の財務省も同じ認識のようです。

二〇〇二年に、ムーディーズ、スタンダード・アンド・プアーズ、フィッチの格付け会社三社が日本国債の格付けを引き下げた際、財務省の黒田東彦《はるひこ》財務官（当時）は、この三社に意見書を送っています。その意見書のなかで、黒田財務官は「日・米など先進国の自国通貨建て国債のデフォルトは考えられない。デフォルトとしていかなる事態を想定しているのか」と述べています。また、「格付けは財政状態のみならず、広い経済全体の文脈、特に経済のファンダメンタルズを考慮して総合的に判断すべきである」とも主張し、日本が世界最大の貯蓄超過国であること、国債がほとんど国内できわめて低金利で安定的に消化されていること、日本が経常黒字国、債権国であることなどを列挙しています。[*8]

この意見書は約一〇年前のものですが、ここに書かれた日本の財政状態や経済状態は、現在でも基本的に同じです。そして当時も、日本の財政破綻論が喧《やかま》しく叫ばれていました。しかし、ここに書かれた見解のとおり、日本の財政破綻は考え難いのです。財務省もそれを分かっているのです。それにもかかわらず、財務省が財政健全化を強く訴えているのは、理解しがたいものがあります。

日本が財政破綻から程遠いことは、財務省だけの認識ではありません。二〇一一年一月三一日のブルームバーグ社の報道によれば、債券ファンド運用最大手であるアメリカのパシフィック・インベストメント・マネジメント（PIMCO）が、日本政府が債務不履行になる可能性は極度に低いという認識を示し、日本国債を保証する金融商品（CDS）の売却を勧めたとのことです。

さらに、二〇一二年に入って、ヨーロッパで金融不安が高まると、マネーはアメリカ国債や日本国債に向かいました。日本国内では、財政破綻論者たちが「日本の財政危機で、いずれ国際市場から日本の国債が見放され、金利が暴騰する」と煽《あお》ってきましたが、実際には、その反対の現象が起きているのです。

「機能的財政」論の考え方

では、自国通貨建ての国債の場合は、政府に通貨発行権があるので返済不能になることはあり得ないのであれば、政府は上限なくいくらでも債務を膨らましてもよいのかと言えば、それは違います。財政赤字の適正な規模というものは、たしかにあります。しかし、それは政府債務残高の絶対額やＧＤＰに対する比率で計られるのではありません。**財政赤字が国民経済に与える影響によって判断すべきなのです。**

このような考え方を「**機能的財政**」論といいます[*9]。

たとえば、景気が良く、民間に十分な資金需要があり、インフレ気味の状態を想定しましょう。その場合、民間企業が負債を増やして積極的に投資を行っているわけですが、それにもかかわらず、政府も国債を発行して公共投資を拡大させると、民間の資金需要が逼《ひっ》迫《ぱく》します。そうなると、金利が上昇してしまい、民間投資はその分、抑制されます（この現象を、経済学者は「クラウディング・アウト」と呼びます）。公共投資の増大が金利の上昇を通じて民間投資を削減するので、国全体では投資が増えておらず、公共投資の追加分は全く無駄になります。したがって、金利が上昇し過ぎるような現象が起きた場合、政府債務が多すぎるということになります。

また、需要と供給がバランスしている時や、「需要＞供給」のインフレ時に、公共投資を増やすと、需要過剰によってインフレが昂進《こうしん》したり、賃金が上昇したり、人手不足になったりします。景気が過熱するのです。したがって、物価が上昇し過ぎたり、完全雇用が達成されていたりする場合には、公共投資は増やすべきではないということになります。

このように、**公共投資や政府債務の上限は、その金額の規模ではなく、経済に対する影響によって判断すべきなのです。**具体的に言うと、金利が上昇する場合、物価が上昇する場合、完全雇用の場合は、財政支出は削減しなければなりません。しかし、反対に、金利が低位で推移している場合、物価が下落している場合、失業率が高い場合、要するにデフレ不況にある場合には、政府債務の額がどれだけ大きくなっていても、財政出動が不十分だということなのです。

ということは、**現在の日本は、政府債務残高がGDP比で二〇〇%になっているにもかかわらず、まだ財政赤字が少なすぎる**ということになるのです。いかにも奇異に聞こえるかもしれませんが、それは何度も繰り返しているように、デフレという事態が異常だからなのです。

今、日本はデフレですから、やるべきことは当然、**国債発行による資金の吸い上げです。増税ではありません。**

なお、この「機能的財政」論が有効に機能するためには、発行する国債が基本的に国内で消化される（自国民によって購入される）「内国債」である必要があります。なぜなら、国債の大半が海外市場で取引されている場合、国債の金利の水準は、国内経済の状態とは無関係に、海外資本市場の動向によって左右されてしまうかもしれないからです。

この点に関し、日本国債は、その九割以上が内国債となっています。日本では、幸いなことに、海外資本市場に制約されることなく、機能的財政が成立し得るのです（その意味では、財務省は、本当は、日本国債が外国格付け会社に低く格付けされても、目くじらを立てる必要はなかったのです）。これに対して、アメリカやドイツの内国債の比率は五割程度であり、機能的財政は十分には成立しません。ギリシャに至っては、三割以下しかありませんでした。

また、日本政府の借金の債権者のほとんどが日本国民だということは、日本政府が税を徴収して債務を返済しても、返済先もほぼ日本国民なので、富は、国内を還流するだけで国外にはほとんど流出しないということになります。

このように、日本の財政は他国と比べて危機にあるどころか、**きわめて有利な状況**にあるのです。

デフレにおける金利

それにもかかわらず、健全財政論者は、「財政赤字をこれ以上拡大すれば、いずれ金利が上昇し、利払いの負担が重くなって大変なことになる」と危機を煽ります。あるいは最近では、「国債の増発は金利の上昇を招き、海外からの資本の流入を促進することで円高になり、輸出を減らす」と唱える経済学者も少なくありません。

しかし、すでに述べたように、資金需要のないデフレでは、貯蓄が過剰になって金利は低迷しており、国債の発行が増えても金利が跳《は》ね上がるような状況にはありません。それに、そもそも、円高／ドル安という現象は日本の金利水準だけで決まるわけではありません。むしろ、日米の金利差や、不況による輸入の減少、そしてデフレなども大きく影響するものです。

一応、念のため、デフレ下の日本における国債の発行額と長期金利の関係を確認してみますと（図6、7）、各年度の国債発行額や政府債務の合計額の増加と関係なく、金利は低迷している様子がうかがえます。

しかも、仮に国債の増発によって金利が上昇するようなことがあるとしたら、それは民間に資金需要が発生したという証《あかし》でしょう。いわばデフレ脱却の兆候なのです。一〇年以

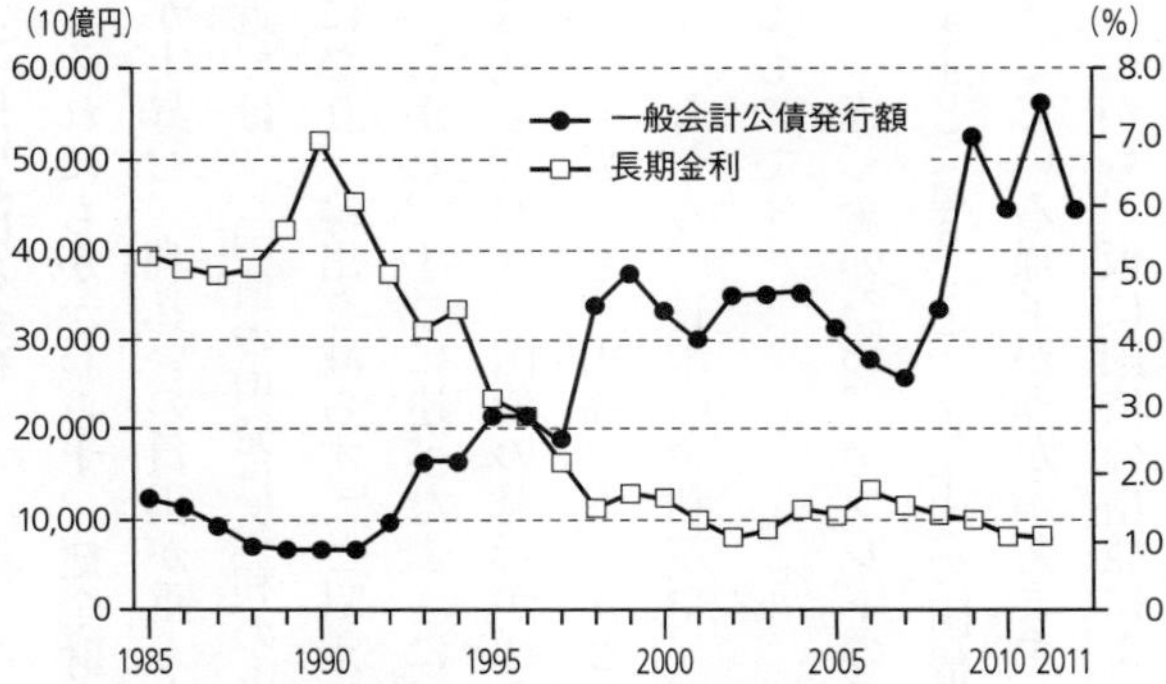

図6　国債(一般会計公債)発行額と長期金利の関係

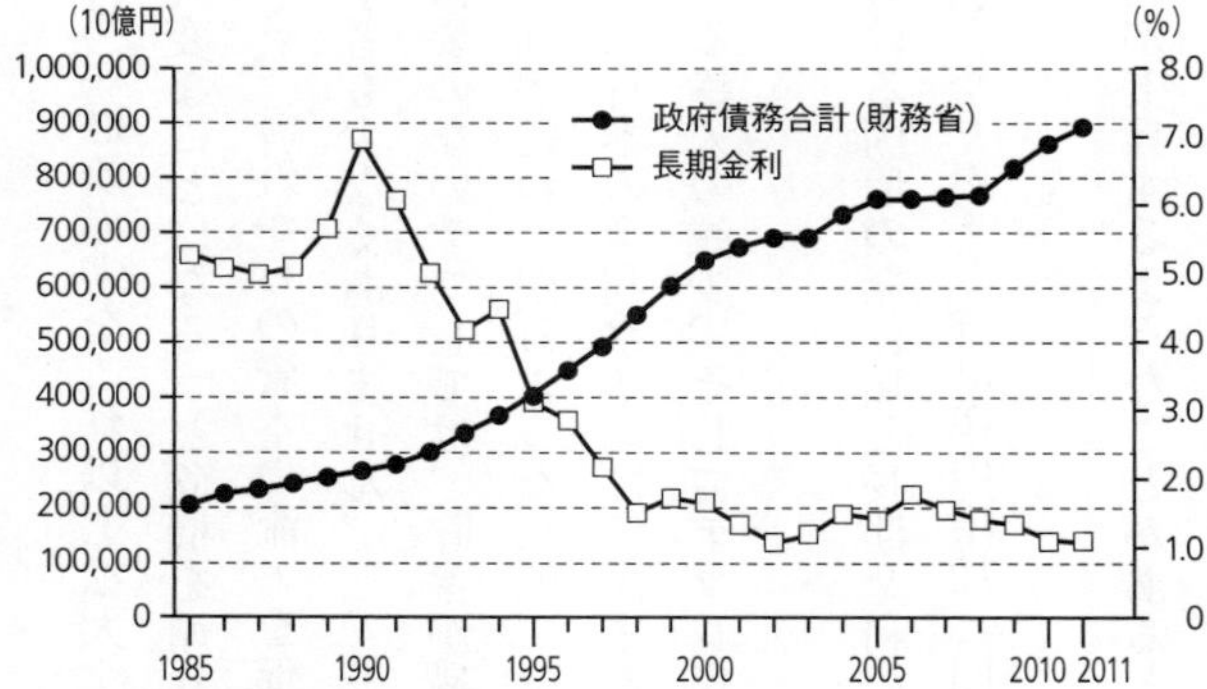

図7　政府債務合計と長期金利の関係

長期金利：日本銀行　http://www.stat-search.boj.or.jp/ssi/mtshtml/m.html
政府債務：財務省　http://www.mof.go.jp/budget/fiscal_condition/basic_data/201104/sy2304f.pdf
http://www.mof.go.jp/budget/fiscal_condition/basic_data/201104/sy2308h.pdf
http://www.mof.go.jp/budget/budger_workflow/budget/fy2012/seifuan24/yosan004.pdf

上もデフレにあって金利上昇を心配するより、むしろデフレを脱却して金利が上がるまで財政支出を拡大すべきなのです。国債を増発したのに金利が上昇しないというのは奇異に思われるかもしれませんが、それもまたデフレが奇異な現象だからなのです。

その上、二〇〇八年以降は、日本のみならず、各国とも大不況にあり、世界中で資金需要が不足しています。デフレの日本に滞留している過剰な資金は、海外市場に向かうこともできなくなっており、ますます日本国債を買わざるを得ない状況になっていくでしょう。

さらに、デフレは通貨高の原因のひとつですから、デフレからの脱却は円安をもたらします。また、景気回復による輸入の増加もまた、円安への圧力として働きます。現在のようなデフレと超円高という異常事態は解消の方向へと向かうのです。

ハイパーインフレは夢物語

国債の増発による金利の上昇がどうしても心配なのであれば、金融緩和政策によって低金利を誘導する手もあるでしょう。それでも心配がおさまらないのなら、日銀が国債を引き受けるようにすればよいのです。そうすれば、国債に確実な買い手がつくことになり、金利が上昇することはありません。

中央銀行による国債の引き受けについては、ハイパーインフレを引き起こすことを懸念する人がいますが、何もそこまでやらずとも、デフレを脱却する程度にやればよいだけの話です。現に、アメリカのＦＲＢは、リーマン・ショック後、金利上昇を回避しつつ、デフレを防ぐため、大量の米国債を積極的に買い入れています。ＦＲＢの米国債保有残高は、二〇一一年六月の段階で一兆三四〇〇億ドルに上り、ＦＲＢは外国人に次いで第二位の米国債保有者になっています。しかし、アメリカにハイパーインフレの兆候は全くありません。

そもそも、ハイパーインフレは歴史上まれな現象で、戦争など極端な非常事によって供給力が破壊され、大幅な需要超過になった場合にしか起きていません。日本のようなデフレで供給過剰の先進国で、ハイパーインフレが起きることはおよそ考えられないのです。

それでも、中央銀行による国債の買い取りについては「禁じ手」であるとして、これをタブー視する声が強くあります。たしかに、経済がインフレ気味の時には「禁じ手」でしょう。しかし、本来、政策担当者にとっては、デフレを放置していること自体が「禁じ手」のはずです。

要するに、中央銀行による国債の買い取りを「禁じ手」にしているのは、デフレ・レジームなのです。

国民にとって重要なのは、**財政が健全であるかどうかではなく、経済が健全かどうかで**す。財政は国民経済のための手段に過ぎません。経済がデフレという異常事態である以上、その財政状態は収支のいかんにかかわらず不健全なのです。

しかも、仮に財政収支の均衡（健全化）が大事なのだとしても、デフレ不況で経済が縮小し続け、税収が下がっていく状況にあっては、財政を健全化することはしょせん不可能です。財政を健全化したければ、まずはデフレを脱却しなければならないのです。まして**デフレ下での増税など、デフレを深刻化し、かつ財政をさらに悪化させるだけ**です。しかもそれを、私たちは九八年の橋本政権時の消費増税と緊縮財政によって経験したはずではありませんか。

3　金融政策の限界

岩田規久男氏の主張

経済学者のなかには、財政出動は効果が薄いので、むしろ金融政策を中心にして、デフレを脱却すべきであると主張する論者が数多くいます。

このような論者のなかには、デフレの解決策として、「**インフレ・ターゲティング（インフレ目標）**」政策に期待する声があります。インフレ・ターゲティングとは、中央銀行が消費者物価を上昇させるように目標を設定して金融緩和を実施するというものです。岩田規久男氏が、「インフレ・ターゲティング」政策を唱えている代表的な経済学者です。

岩田氏の主張は、要約すれば、次のようなものです。[*10]

日銀が、「二〇二一年までは三％程度のインフレ率を目標とする」という政策目標を掲げ、インフレを目指すという政策レジームを明確に示した上で、金融緩和を継続的に実施する。こうすることにより、この金融政策のレジームの変更に人々が反応し、インフレになるという期待を抱くようになり、その結果、民間の投資や消費が促進され、デフレからの脱却が成し遂げられるというのです。

岩田氏の議論のポイントは、政策レジームの大転換をアピールすることで、人々の将来への期待に影響を及ぼし、それによってデフレを脱却しようとするところにあります。たしかに、第一章で「債務デフレ」として説明したように、デフレとは、物価が下落する（貨幣価値が上昇する）という将来予想を民間主体が形成することによって起きます。したがって、人々の将来への期待に影響を与えなければ、デフレを脱却できないという点は正しいと思います。


金融政策だけで転換は起きるか？


しかし、この「インフレ・ターゲティング」論については、ふたつの懸念があります。

ひとつ目に、中央銀行がインフレ目標を宣言して、金融緩和をしただけで、人々がインフレになるという予想を抱くとは限らないということです。

岩田氏は、自説を補強するため、一九三〇年代の世界同時デフレ不況を例に挙げています。当時、多くの国が金本位制を採用していました。金本位制は固定為替相場制であり、為替レートを一定に維持しなければならないので、大不況になっても金融緩和政策を採用することができません。これに対し、日本の高橋是清蔵相やアメリカのフランクリン・ルーズヴェルト大統領は、金本位制からの離脱を宣言し、金融緩和政策を採用し、デフレ不況を克服しました。これについて、岩田氏は「「金本位制から変動相場制下の金融政策へのレジーム転換」が民間経済主体のデフレ予想をインフレ予想に転換させることに成功したから」[*11]だと主張しています。

たしかに、日本やアメリカが金本位制から離脱し、自国本位の金融緩和政策を実行できるようになったことは、世界恐慌からの脱出に際して決定的に重要です。また、金本位制からの離脱が人々の心理に与えた影響も大きなものがあったと察せられます。なぜなら、金本位制が正しいという考えは、当時の正統の貿易理論に基づく強固なイデオロギーであり、したがって金本位制の放棄は大事件だったからです。しかし、中央銀行がインフレ目標を設定するという政策レジームが、金本位制からの離脱という政策レジームほど、人々の将来予想に大きな影響を与えるとは限りません。

ピーター・テミンとバリー・A・ウィグモアは、岩田氏と同様、ルーズヴェルト大統領のニューディール政策が、人々のデフレ予想をインフレ予想へと転換させたとしています。しかし、彼らの研究によれば、政策レジームの転換は、金融緩和政策のみによって行われたのではなく、もっと大々的に行われていました。

焦点は、国際協調から国内の景気回復へ、デフレからインフレへ、金融市場重視から経済への直接介入へ、財政健全化から財政刺激策へとシフトした。為替の切り下げが、財政金融政策の変化とそれに対する責任の変化と連動した。政府の宣言や世論のトーンも急激に変化した[*12]。

たしかに、高橋蔵相もルーズヴェルト大統領も、金本位制からの離脱と金融緩和だけではなく、大規模な財政出動など政府による積極的な経済介入を実施し、また世論のトーンを変えるべく言論にも訴えかけました。彼らを表舞台へと登場させた「政権交代」による人々の心理の変化もあったかもしれません。いずれにせよ、**政府が先頭に立って、デフレを脱却するために必要なあらゆる政策を総動員することではじめて、人々のデフレ予想を逆転させることができた**のです。

マネーの行先は保証できない

「インフレ・ターゲティング」論に関する懸念のふたつ目は、金融緩和によって増大したマネーが、**必ずしも国内の投資や消費に向かうとは限らない**という点にあります。

ひとつ目の懸念とも関係しますが、人々のインフレ予想を形成するには、単に政府や中央銀行がインフレを目指す政策のスタンスを宣言するだけでは駄目で、実際に、デフレが終息してインフレになっていくという足元の変化がなければなりません。人々は、基本的に現状の延長で将来を予想する傾向にあるからです。したがって、デフレを脱却するためには、人々の将来予想の変化を考慮に入れたとしても、結局のところ、実際に需要不足を解消し、物価が上昇し始めるという実効性のある政策が必要になるのです。*13

しかし、金融政策だけでは、その実効性を上げることができません。金融緩和によって増大したマネーが国内の投資や消費ではなく、貯蓄に回ったり、海外の金融市場に流出したりしてしまう場合があるからです。

なぜなら、デフレとは、需要が不足しており、将来も物価が下がるだろうという期待が形成されてしまっている状態だからです。そのようなデフレ下では、金融が緩和されてマネーの供給が増えたとしても、企業や消費者はマネーを投資や消費に回さずに貯蓄してしまう「流動性の罠《わな》」という現象が生じます。このため、金融を緩和しても、投資や消費の需要が増えません。デフレを脱却するには、お金の保有量が増えるだけでは駄目で、お金が実際に投資や消費のために使われて、需要不足が解消しなければ意味がないのです。

また、二〇〇七年にアメリカでサブプライム危機が勃発し、ＦＲＢが大幅な金融緩和を実施した際、増大したマネーは原油や穀物といった商品市場になだれ込んで、原油価格や食料価格の高騰を引き起こしました。〇八年前半に起きた原油や穀物の価格高騰は、これらを輸入に依存している日本では、大幅なコスト・アップにつながるデフレ効果を発揮しました。あるいは、リーマン・ショック以降、先進各国が金融緩和を行った結果、増大したマネーが中国など新興国の市場に殺到し、新興国でインフレやバブルを引き起こしました。

このように、金融市場が肥大化し、かつグローバル化が進んだ今日では、供給が拡大されたマネーが、どこへ向かうかは保証の限りではありません。それは投機マネーとなって金融市場になだれ込み、原油や穀物の価格高騰のように、かえって消費需要を抑制してデフレを深刻化させるような場合もあり得ます。

そこで、金融緩和によって増大したマネーが、国内の投資や消費に回るように誘導する必要があります。そのための手段が、国債であり、公共投資です。国債によってマネーを吸い上げ、国内の公共的な目的のために投資を行い、国内の需要と供給のギャップを確実に埋めるのです。

結局のところ、**金融緩和政策は、積極財政政策とセットでなければ、効果的にデフレを克服することはできない**のです。

中央銀行の失敗

「インフレ・ターゲティング」政策は、物価上昇率を主な指標にして、金融政策を中心に経済を運営するという理念に立っています。しかし、二〇〇八年の世界金融危機は、そのような経済運営が失敗したことを示すものでした。

二〇〇二年以降、アメリカでは住宅バブルが始まっていましたが、FRBは、低インフレであったことから、金利を低い水準で維持し続けました。〇四年四月から、緩《ゆる》やかに金融引き締めが行われましたが、アジア諸国からマネーが流入したため、金利は低いままで推移し、住宅バブルは拡大していきました。アメリカの金融政策担当者たちは、インフレ率に注目していたために、住宅バブルの発生を見逃したのです。さらに、〇六年頃から住宅バブルが崩壊し始めましたが、ＦＲＢは、再びインフレ率に気を取られ、〇七年八月時点になっても、インフレになるのを恐れて利下げをためらっていました。その後、ＦＲＢは事態の深刻さに気づいて金融を緩和しましたが、それにより大量に供給されたマネーが原油価格や食料価格の高騰を招きました。

欧州中央銀行もまた、物価安定だけに着目しており、〇七年から〇八年にかけて、ほとんど、利下げをしようとしませんでした。しかも、〇八年七月には、原油や食料の価格高騰をインフレと誤認して、金融危機の前夜に、金融を引き締めるという大失策を犯したのです。

〇八年の世界金融危機が残した教訓のひとつは、中央銀行が、物価を指標として市場の動向を見つつ経済をコントロールするという、金融政策中心の経済運営は間違いであったということなのです。

さらに言えば、インフレ目標を設定し、物価の動向に着目しつつ経済を運営するという「インフレ・ターゲティング」政策の理念そのものが、もとをただせば、経済の「非政治化」によってインフレを防止しようというデフレ・レジームに顕著な発想なのです。実際、イギリスで「インフレ・ターゲティング」政策を導入したのは、「非政治化」戦略を進めたブレア政権でした。

また、岩田氏は、自らの「インフレ・ターゲティング」政策の主張を正当化する理論的背景として、トーマス・J・サージェントの経済理論を挙げています。たしかにサージェントは、歴史的事例を引きつつ、金融政策の転換が人々の予想に影響を与え、インフレを抑制したと論じています。しかし、注意すべきは、サージェントの理論はインフレ対策に関するものであり、彼が歴史的実例として引いているのもインフレ退治の事例だということです。[*14] つまり、サージェントはデフレ・レジームの議論をしているのです。岩田氏は、このサージェントの理論がデフレ対策にも応用できるとしているのですが、それが可能であるかは疑問であることはすでに論じたとおりです。

バーナンキへの疑問

さて、二〇一二年一月二五日、アメリカのベン・バーナンキFRB議長は、二%のインフレ率を目標とすると発表しました。[*15] 続いて二月一四日には、日銀も前年比上昇率で一%程度の物価上昇を目指し、追加の金融緩和を実施する姿勢を打ち出しました。[*16] 日米ともに、「インフレ・ターゲティング」政策の導入に踏み切った格好です。

すでに述べたとおり、私は、「インフレ・ターゲティング」政策によるデフレ脱却の効果は、非常に限定的なものに過ぎないと思いますが、それよりも疑問なのは、「**バーナンキは、はたしてデフレ対策としてインフレ目標を導入したのだろうか？**」ということです。というのも、記者会見のなかで、バーナンキは、「インフレ・ターゲティング」政策の目的は、政策の透明性の向上であると述べているからです。また、二％のインフレ率というのは長期的な目標であると述べる一方で、「長期的には、安定的な低インフレが生産と雇用の健全な成長を促すのに役立つ」とも言っているのです。

こうした発言から察するに、どうもバーナンキは、目前のデフレを防ぐためというよりは、景気対策の行き過ぎによる将来のインフレを防ぐために、インフレ目標を設定したのではないでしょうか。実際、報道によれば、今回のインフレ目標の導入は、国際商品市況の高騰を招くとして金融緩和に批判的なアメリカ国内の政治圧力を受けた苦肉の策であるという見方もあります。[*17] もし、そうだとすると、バーナンキの導入したインフレ目標は、岩田氏が提唱するような、デフレ予想をインフレ予想へと大きく転換させるためのものとは言い難いようです。

なお、二月一四日の会見でインフレ目標を表明した白川日銀総裁は、デフレからの脱却は「民間企業、金融機関、そして政府、日本銀行がそれぞれの役割に即して取り組みを続けていくことが、重要である」と述べ、金融政策だけではデフレ脱却はできないと牽制《けんせい》しています。「消費税を増税してデフレを悪化させておきながら、デフレ対策の責任を全て日銀に押しつけられたらかなわん」という気持ちなのでしょう。この点に関しては、白川総裁の言うとおりです。デフレ脱却は、金融政策だけではなく、あらゆる手だてを総動員するレジーム・チェンジでなければ成し遂げられないのです。まして、一方では消費税を増税しようというのですから、日銀だけが「インフレ・ターゲティング」政策を導入して金融緩和を行っても、単なる焼け石に水に終わるのではないでしょうか。

インフレ・ターゲティングの限界点

さて、以上の議論をまとめると、「インフレ・ターゲティング」政策についての私の見解は、次のようになります。*18

まず、デフレ脱却のために、政策レジームを転換して、人々の予想や期待を大きく変更しなければならないという点は、同意します。また、デフレ脱却のために金融緩和が必要であるのはそのとおりですし、そのための手段として日銀による国債の大量購入が有効であるというのも賛成です。もしかしたら、日銀が高めのインフレ目標を設定するのも、人々の予想にいくらか影響を与えるための手段のひとつにはなるのかもしれません。

ただし、「インフレ・ターゲティング」政策の問題は、**それだけではデフレを脱却するのに十分ではない**ということなのです。金融緩和によって大量に供給されたマネーが、貯蓄や投機、あるいは海外市場にではなく、確実に国内の投資や消費、特に国民が真に必要としている分野に向かうように、コントロールしなければなりません。そのコントロールを可能にするのは、**政府による公共投資や規制**です。そして、その政府の意思決定を左右するのは、政治です。経済における資源の配分を市場にゆだねるのではなく、「政治化」しなければならないのです。

また、人々の将来予想や期待に影響を与えてデフレを脱却するためには、単に金融政策を変更するだけではなく、財政政策、社会政策、産業政策なども含めて体系的に、政策レジームを大々的に変更する必要があります。**「デフレ・レジーム」から「インフレ・レジーム」へ**、そして**「非政治化」戦略から「政治化」戦略へ**という、レジーム・チェンジが必要なのです。

そして、レジーム・チェンジを実行することができるのもまた、政治だけなのです。

注

*1 ジョン・メイナード・ケインズ『雇用、利子および貨幣の一般理論』上下、間宮陽介訳、岩波文庫、二〇〇八年

*2 Hyman P. Minsky, *Stabilizing An Unstable Economy*, New York: McGraw-Hill, 2008, p. 364.

*3 Hyman P. Minsky, Dimitri B. Papadimitriou, Ronnie J. Phillips and L. Randall Wray 'Community Development Banking: A Proposal to Establish a Nationwide System of Community Development Banks', *Public Policy Brief, No.3, The Jerome Levy Economics Institute of Bard College*, 1993.

*4 Hyman P. Minsky and Charles J. Whalen, 'Economic Insecurity and the Institutional Prerequisites for Successful Capitalism', *Working Paper No. 165, The Jerome Levy Economics Institute of Bard College*, 1996, p. 10.

*5 Hyman P. Minsky, *Stabilizing An Unstable Economy*, pp. 368–9.

*6 Hyman P. Minsky, *ibid.*, pp. 343–5.

*7 Hyman P. Minsky and Charles J. Whalen, *ibid.*, p. 15.

*8 財務省「外国格付け会社宛意見書要旨」http://www.mof.go.jp/about_mof/other/other/rating/p140430.htm

＊9　「機能的財政」の理論は、ケインズの弟子にあたる経済学者アバ・ラーナーによって示されました。Abba P. Lerner, *The Economics of Control: Principles of Welfare Economics*, New York: Macmillan, 1944. 機能的財政の理論については、拙著『国力とは何か——経済ナショナリズムの理論と政策』（講談社現代新書、二〇一一年）第六章をご参照ください。

＊10　岩田規久男『デフレと超円高』講談社現代新書、二〇一一年

＊11　同前、一八三頁

＊12　Peter Temin and Barrie A. Wigmore "The End of One Big Deflation", *Working Paper, Department of Economics*, MIT, 1988, pp. 12-3.

＊13　Peter Temin, *Lessons from the Great Depression*, Paperback edition, Cambridge MA: MIT Press, 1991, p. 92.

＊14　トーマス・J・サージェント『合理的期待とインフレーション』国府田桂一他訳、東洋経済新報社、一九八八年

＊15　Transcript of Chairman Bernanke's Press Conference January 25, 2012. http://www.federalreserve.gov/mediacenter/files/FOMCpresconf20120125.pdf

＊16　日本銀行「金融緩和の強化について」二〇一二年二月一四日 http://www.boj.or.jp/announcements/release_2012/k120214a.pdf

＊17　「ロイター」二〇一二年二月一四日付 http://jp.reuters.com/article/marketsNews/idJPTK073215820120214

＊18　なお、本章で論じた金融政策によるデフレ対策の限界や、前章で論じたグリーンスパンの失敗についての優れた分析として、次をご参照ください。服部茂幸『日本の失敗を後追いするアメリカ――「デフレ不況」の危機』ＮＴＴ出版、二〇一一年

第五章　レジーム・チェンジには何が必要なのか？

――一九三〇年代に学ぶ

1　資本主義はどう変わるべきか？

対照的な政策レジーム

さて、本書は、この二〇年間、日本において「改革」と呼ばれた理念や一連の政策を「デフレ・レジーム」と名づけ、それとは全く反対の理念や政策を提唱してきました。政府、産業界、経済学者、そしてマスメディアの間において主流をなしてきた議論をことごとく逆転させたような本書の主張に、少なからぬ違和感を覚えた読者もおられると思います。

しかし、その一方で、私たちは、デフレ・レジームがもたらした無残な現実を目の当りにしています。日本経済は、戦後唯一のデフレに陥り、しかもそこから一〇年以上も抜けられないでいます。そしてしまいには、大震災からの復興すら満足に進められなくなっています。その上、世界的にも、リーマン・ショックやEUの危機など、デフレ・レジームの破綻は明らかになっています。

長引く不況に追い打ちをかけるような内外の危機の到来により、国内には、「デフレからの脱却は不可能なのではないか」といったような諦《あきら》めや悲観が蔓延しつつあります。そして、この閉塞感を打破すると称して、デフレ・レジームに基づく改革が提案され、事態がさらに悪化するという悪循環に巻き込まれています。

しかし、問題の根源がデフレ・レジームにあるとするならば、その解決法はしごく簡単な話です。要するに、政策レジームをデフレ・レジームからインフレ・レジームへと大きく転換すればよいのです。言い換えれば、これまでの二〇年間、日本が進めてきた改革の方向性と反対のことをやるということです。このデフレの袋小路を突破するためには、政策哲学を逆転させなければならないのです。

その政策哲学の逆転を具体的に整理するならば、次ページの表1のように整理されます。

「デフレ・レジームを「改革」と同一視してきたこれまでの通俗観念からすれば、インフレ・レジームへの転換は、何から何まで「改革」に逆行する異常で極端な企《くわだ》てと映るでしょう。

しかし、異常で極端なのは、一〇年以上もデフレから脱却できず、デフレがむしろ常態と化しつつあり、デフレからの脱却を諦めるような声すら聞かれる日本の現状の方なのです。このような異常で極端な状況を打開するためには、ありとあらゆる政策を総動員し、

表1　デフレ・レジームとインフレ・レジーム

政策レジーム	デフレ・レジーム	インフレ・レジーム
問題	インフレ:需要過剰／供給不足	デフレ:需要不足／供給過剰
解決の方向	需要抑制／供給増大	需要増大／供給抑制
政策	【需要抑制】 ・緊縮財政・増税 ・「小さな政府」 ・地方分権(中央政府の後退) ・金融引き締め 【供給増大】 ・規制緩和、競争促進 ・労働市場の流動化 ・貿易自由化・グローバル化 ・外需主導の成長	【需要増大】 ・積極財政・減税 ・「大きな政府」 ・中央政府の積極的な関与 ・金融緩和 【供給抑制】 ・規制強化、協調重視 ・雇用の安定化 ・貿易管理・グローバル化の制御 ・内需主導の成長
政治と経済の関係	非政治化 規律による経済運営	政治化 裁量による経済運営
資本主義の形	金融資本主義	民主資本主義

政策レジームを完全に逆転してみせることで、人々が確かなインフレ予想を抱くようにしなければならないのです。

インフレ・レジームの光と影

デフレ・レジームを見慣れた目からすると、このインフレ・レジームやそれによって成立する政治化された民主資本主義は、秩序の安定を重視するあまり、創造的な活力を欠く停滞した経済社会であるかのように見えるかもしれません。実際、構造改革論者は、日本の規制や慣行が企業や個人の自由な活動を阻害し、経済を停滞させてきたのだと繰り返してきました。

しかし、実際はむしろその逆であることを、私たちはすでに知っています。二〇年にも及ぶ構造改革の結果、将来の不確実性は高まり、企業や個人は長期的な視野に基づいて行動することが困難になっています。また、構造改革が悪化させたデフレは、将来に向けた投資を著しく困難にし、経済の活力をかえって衰弱させています。とりわけアメリカでは、デフレ・レジームによって生み出された金融資本主義の下、製造業が衰退しました。アメリカは、金融市場の活性化によって、一見すると活力に満ちていたようにも見えましたが、それは単にマネー・ゲームが横行していたに過ぎず、しかもそのマネー・ゲームも二〇〇八年のリーマン・ショックをもって終焉しました。

資本主義は、投資が行われなければ活性化しません。そして投資とは、これまで繰り返し述べてきたように、「将来」の利益に期待して「現在」行う支出行為であり、したがって将来に対する予想や期待に大きく左右されます。もし、資本主義がより安定的であれば、将来に対する不確実性はより低くなり、民間主体は将来に対するより強い確信を持って、大胆に投資活動を行うことができ、経済は活性化します。一見すると逆説的なようですが、**資本主義は安定的である方が、より活力のあるものとなるのです。**したがって、インフレ・

レジーム下の民主資本主義は、デフレ・レジーム下の金融資本主義よりも産業活動が活発になり、力強く成長するものとなります。

また、民主資本主義においては、公共投資や所得移転など、政府による資源配分のウェイトが大きくなります。しかし、「大きな政府」は、民間活動を抑制し、経済成長を犠牲にすることを意味しません。むしろ、公共投資が防災対策や交通インフラの高度化を実現すれば、産業活動は活発化します。所得移転政策によってより平等で中間層が分厚い社会となれば需要は拡大するでしょうし、社会保障が充実すれば、将来不安が払拭《ふっしょく》され、消費活動は活性化するでしょう。

もちろん、インフレ・レジーム下の民主資本主義にも、さまざまな弊害や限界はあると思います。なぜなら、民主資本主義は、経済の政治化が進んだシステムですが、政治とは不完全なものであり、必ずしもすべてをうまく運ぶとは限らないからです。また、日本はすでに経済が成熟した国であり、かつてのような内需の急成長は見込めないというのも事実でしょう。インフレ・レジームへの転換を唱える私自身も、夢のような繁栄を約束するつもりはありません。

しかし、この二〇年、日本を支配してきた政策レジームは、デフレという、あってはならない事態を引き起こしました。加えて世界規模でもデフレ・レジームの破綻が明らかになりました。市場が理想的な資源配分を実現するという神話は、完全に崩壊しました。世界もデフレの危機に直面していますが、民間の経済活動だけで需要を創出し、デフレを回避することは不可能です。もはや、政治が経済運営に対して無責任であることは許されなくなったのです。

そうである以上、残された可能性は、**それがどんなに非常識に見えようとも、政治の力によって政策レジームを逆転させる以外にはない**のではないでしょうか。

そして、過去にそのような政策レジームの大転換をやってみせたのが、一九三〇年代の世界恐慌時のアメリカでした。

2 レジーム・チェンジを成し遂げた男

マリナー・エクルズの功績

一九三〇年代、アメリカは、当時の経済理論の正統であった「デフレ・レジーム」に忠実なフーヴァー大統領が、緊縮財政や高金利政策を打ち出したために恐慌に突入しました。しかし、政権交代によって登場したルーズヴェルト大統領が、ニューディール政策を打ち出して「政策レジーム」を大きく転換し、大デフレ不況から脱出したのです。

しかし、ルーズヴェルトは、当初から解決策を知っていたわけではありません。むしろ、ルーズヴェルトもまた、主流派の政策理念に忠実であり、政府支出の削減が経済を回復させると信じていました。就任直後の一九三三年三月には、ルーズヴェルトは、均衡財政の予算教書を打ち出し、新聞各紙から称賛されています。彼もまた、デフレ・レジームの支配下にあったのです。

マリナー・S・エクルズ（1951年）
写真：AP/アフロ

しかし、ルーズヴェルト大統領の周辺には、市場原理主義的な主流派の経済理論に異を唱える異端の経済学者や実務家たちがブレーンとして集まっていました。ニューディール政策は、そうした彼らの議論や試行錯誤のなかから生み出されました。経済理論ではなく、

現実の経済の観察や実践的なセンスが、政策レジームを転換し、恐慌からの脱出を成功させたのです。

この政策レジームの転換において、大きな役割を果たしたのが、マリナー・S・エクルズです。[*1]

マリナー・エクルズは、もともとは実業家であり、銀行家でしたが、恐慌を経験した実体験から、ニューディール政策の理論的支柱となる新たな政策理念を編み出し、それをルーズヴェルト大統領に進言したのです。エクルズは、その功績により、一九三四年にFRBの議長に推挙され、四八年まで議長を務めました。

エクルズの政策理念は、後にジョン・メイナード・ケインズが一九三六年に公刊した『雇用、利子および貨幣の一般理論』と同じものでしたが、エクルズはケインズの本を読んだことがありませんでした。彼は、現実の経済の観察と自身の経験から、ケインズと同じ結論に達し、議会における証言や政府高官への進言、そして講演やラジオでのスピーチ、あるいは健全財政論者との論争などをこなすことによって、政策レジームを大きく変えていったのです。

私は、本書のしめくくりとして、このエクルズの思想を振り返りつつ、新たな政策レジームのあり方をあらためてまとめたいと思います。というのも、**エクルズの経済観や政策理念は、本書がこれまで主張してきたことを支持し、強化するもの**だからです。

エクルズは、現代日本を支配しているのと同じような、頑迷《がんめい》な「デフレ・レジーム」と対決していました。実際、エクルズが批判した人々の言説は、今日の日本の構造改革論者や健全財政論者にそっくりです。そうしたなかで、政策レジームの転換を成し遂げ、恐慌からの脱出に多大な貢献をしたエクルズの軌跡をたどることは、これから日本の政策レジームを転換していく上で、非常に有益であると思われます。

正確なデフレの理解

エクルズは、当時の経済界や金融界の指導者たちが「この事態はいずれ自然に底を打つという誤った哲学——政府は「自然の法則」に介入すべきではなく、デフレは放置すべきである」[*2]を抱いていると述べています。彼らは、財政赤字の拡大によって政府の信認が失われ、金《キン》と通貨の交換が不可能になると考えていました。現在の日本でも「財政赤字が肥大化すれば、円の国際的な信認が揺らぐことになる」という声がひんぱんに聞かれますが、それと同じです。

また、当時の通説では、インフレについては避けるべきである一方、デフレについては、自然の調整過程だとされていました。「ある産業が衰退すれば、賃金と金利が下がり、コストが低下するので、他の産業の成長を刺激するだろう。資産価格の低下も金利を下げる。物価の下落は需要を刺激する」というのです。こうした発想もまた、今日、市場原理主義的な構造改革論者によって引き継がれています。

しかし、エクルズは、デフレが民間債務の縮小と支出の削減の悪循環であり、この債務デフレのプロセスには底がないことに気づいていました。「人々は価格が下がり続けると信じている限り、モノではなくカネを欲しがる。価格がこれ以上下がらず、上がり続けると思うならば、カネを使いたくなる。現在の心理は、人々が価格低下の期待を抱いている場合の産物である」[*3]

当時の人々は、インフレばかりを恐れていました。まさにデフレ・レジームの発想です。しかし、銀行家であったエクルズは、デフレはインフレよりもはるかに破壊的であることをよく理解していました。

民間企業がいっせいに、設備投資や資材調達のための支出よりも貯蓄を増やしたり、債務を早く返済したりしようとすれば、デフレが進みます。負債が減ることは一個人や一企業にとっては良いことでも、これが経済全体に当てはめられると、資本主義は機能しなくなります。「われわれの資本主義システム全体は、債権者と債務者の関係のシステムの上に構築されている」[*4]と述べるエクルズは、ミンスキーと同様に、**資本主義が金融を基礎にする不安定な経済システム**であることを見抜いていたのです。

成熟経済のデフレ圧力

当時の経済界や新聞各紙は、政府が支出を減らし、失業者の救済をやめても、財政が健全化すれば、民間企業は自信を取り戻して投資を拡大し、雇用を創出すると考えていました。しかし、このような見解は、一九二〇年代のアメリカに起きた大きな経済構造の変化を見落としているとエクルズは指摘しています。その構造変化とは、**成熟経済化**です。

一九二〇年代のアメリカでは、もはや国内にフロンティアはなく、海外にもかつてのように、急速に拡大する市場はなくなっていました。また、第一次世界大戦を契機に、アメリカは、債務国から債権国へと変わっていました。当時のアメリカは、経済が成熟化し、新たな投資先が乏しくなりつつあり、慢性的な貯蓄過剰になっていました。このため、構造的なデフレ圧力が発生するようになっているとエクルズは診断しました。**政府が支出を**

減らし、債務を削減していけば、民間が投資を拡大していけるという発想は、投資需要が急速に拡大し、貯蓄不足になりがちな、高度成長経済の残影に過ぎないのです。だとするなら、成熟経済の構造的なデフレ圧力から逃れるには、政府が債務を負って投資を行うしかありません。

奇妙なことに、今日の日本では、エクルズの議論とは全く逆の通俗観念が流布しています。日本では、経済が成熟化し、かつてのような高度成長は望めなくなったから、公共投資は不要であり、官主導から民主導の経済システムへと移行しなければならないといったような議論が数多くあります。また、近年では、巨額の対外債権を保有する貯蓄過剰の国であるにもかかわらず、「日本は海外に積極的に投資し、また海外からの投資を積極的に受け入れるべきだ」という主張が幅を利かせています。

しかし、実際には、エクルズが言うように、成熟経済では、投資機会の低減により貯蓄過剰が慢性化し、デフレ圧力が発生しやすくなるのであり、ゆえに公共投資が需要不足を補う必要があるのです。しかも、二〇〇八年以降の世界大不況によって世界市場は縮小しています。中長期的に見ても、中国をはじめとする新興諸国ではこれから人口の成長が鈍化していくと考えられており、外需の成長には限界が見えています。

世紀の変わり目に、わが国の経済は、開拓していく段階から、われわれの足場を固めて資源を注意深く活用する段階へと移行した。搾取よりむしろ保守こそが、合言葉となったのである。[*5]

時代の変化に注意を促すエクルズのこの言葉は、現代の日本に向けられていると言ってもよいでしょう。日本は、九〇年代以降、「経済が成熟化し、かつてのような高度成長が見込まれなくなった」と認識していたにもかかわらず、高度成長を前提とした政策レジームであるデフレ・レジームへと、**本来向かうべき方向と全く逆の向きへと舵を切っていた**のです。

補正的財政論

経済が成熟化した債権国においては、政府はデフレ圧力に抗するために、国債を発行して積極的に公共投資を行うべきだというエクルズの画期的な発想は、当然のことながら、反発を受けました。ハリー・F・バード上院議員も、エクルズを批判した論者の一人です。

バード上院議員は、今日の日本にも多い健全財政論者と同様に、政府は赤字を垂《た》れ流してはならないと主張し、エクルズを激しく攻撃しました。

エクルズもこれに応戦しました。健全財政論者は、政府の債務を、個人の債務のように誤解しているのだとエクルズは指摘しています。「私は、バード上院議員のように、政府は個人と同様に、所得以上に支出すべきではなく、したがって予算は常に均衡していなければならず、債務は負ってはならないと信じる人々には同意できない」[*6]

そもそも、資本主義経済においては、貸し借りは当然の経済行為であり、貸し借りがあるということは、債務が発生するということです。「債務の拡大なしに繁栄した時代はなく、反対に、債務の縮小なしにデフレに陥った時代はない」[*7]のであり、実際、一九二九年から三三年の大恐慌時代、政府債務と民間債務は一四%ほど減りましたが、同時に国民所得も五〇%以上減ったのです。

したがって、民間債務が減少し続けるデフレ期においては、政府債務も削減してしまっては、デフレは悪化するだけなのです。そこでエクルズは、次のような見解に達しました。「財政政策という政府の行動は、補正的な役割を果たすべきだ。すなわち、財政は、民間の信用が拡大している時だけ緊縮し、民間活動が低下している時だけ拡大すべきである」[*8]

要するに、国家財政は、好景気である時は財政黒字を増やすべきであっても、デフレ不況の間はむしろ赤字財政でなければならないということです。

エクルズは、財政は、収支の均衡によって評価するのではなく、経済に対する影響によって判断すべきであるという「機能的財政」論に到達していました。「問題は、財政赤字が政府の決定によって生じた独立の問題ではなく、経済全体の不均衡の反映だということである。予算の不均衡の是正を望む前に、経済の不均衡を是正しなければならない」[*9]バード上院議員がニューディール政策による財政支出の拡大を「浪費」と言い、政府債務を「負担」と言って批判したのに対して、エクルズは、次のように反論しています。

二〇世紀基金（Twentieth Century Fund）の優れた学者たちの研究が、政府と民間の双方を合計した国内債務は、現在、一九二九年よりも大きくなっていないことを指摘しているのを知らないのですか？　もし、そうであるなら、一九二九年以降の人口増と物質的富の増加を無視して、公的債務の増加のみに気をとられ、国の借金に一面的な危機感を表明しているということにはなりませんか？

金利の低下のおかげで、一九二九年よりも今日の方が、利払いの負担ははるかに少なくなっていることは、重要ではないのですか？

利払いの負担が減る一方で、債務のおかげで増えた国民所得は一九三二年から増加し、一九三七年には三〇〇億ドル以上も増えていることは、重要ではないのですか？連邦政府の債務の利払い負担は、国民所得の一％強に過ぎないことは、重要ではないのですか？

そして最後に、国全体として、われわれは外国ではなく、自国民に対して債務を負っていることは、重要ではないのですか？[*10]

このエクルズの反論は、今日の日本の健全財政論者にも、そっくりそのまま当てはまるのではないでしょうか。

日本では、デフレにもかかわらず、財政健全化と安定財源の確保を目的とした消費税の増税を求める声が強くあります。しかし、エクルズは、財政の健全化は、国民所得の成長がなければ達成し得ないと認識していました。財政を健全化するためにも、デフレから脱却して国民所得を増やさなければならないのであり、そして、そのためには消費税は増税すべきではないのです。

エクルズは、課税を財源確保の手段としてではなく、資金の流れを調整するための手段として考えていたのです。したがって、**利益を生む需要を見つけられずに滞留する貯蓄をかかえている高所得者層に対しては増税を行う一方で、消費税は減税すべきだ**と彼は主張しました。

もはや言うまでもないとは思いますが、エクルズは、今日の日本の消費税の増税には、間違いなく異を唱えたことでしょう。

財政政策の役割とは何か

頑固な健全財政論者のバード上院議員は、政府債務の絶対額が増えていることを問題視しました。しかし、エクルズは、政府債務の債権者が国民である内国債では、債務の額は問題ではないと反論しています。「内国債の問題は、公的債務であれ民間債務であれ、国の実質的な富の全体との関係で考慮されるべきである。われわれの全債務が大きかろうが小さかろうが、国民所得全体に依存している[*11]」

エクルズは、国債が個人の債務とは性格が違うということを繰り返し主張しました。

個人や企業であれば、破綻することはあるかもしれないが、合衆国のような人的・物質的資源を持っている国が、自国民から借りることで貧しくなることはあり得ない。われわれが貧しくなるとしたら、実質的な富の生産において、遊休の人員、資源、生産設備そして資源の有効活用に失敗することによってである。[*12]

政府債務の大きさが問題ではないことを証明する歴史的事実として、エクルズは、イギリスの歴史家・政治家であるマッコーリー卿の『イングランド史』を引用しています。そこには、イギリスがフランスのルイ一四世と戦争をしていた頃、イギリスの政府債務は五〇〇〇ポンドから八億ポンドへと激増し、財政破綻を懸念する声が高まりましたが、結局、財政破綻も経済の破滅もなかったと記録されています。[*13]

財政政策の主たる役割は、財政の健全化ではありません。「需要不足/供給過剰」という経済全体の需給の不均衡によって発生した遊休の生産設備や人員（つまり失業者）あるいは余剰資金を、社会にとって有益になるように活用することなのです。重要なのは、財政の均衡ではなく、経済の均衡です。「経済政策の枢要《すうよう》は、国民所得の流れを制御して、われわれが生産した財やサービスと、国民の購買力との間の均衡を維持することでなければならない[14]」

このように、政府に経済全体の需給を均衡させる役割をゆだねるという発想は、市場による均衡が信じられていた当時としては、きわめて画期的なものでした。エクルズは、恐慌という新たな事態に直面して、革新的な政策哲学を打ち出したのです。それは、インフレの時には均衡財政を目指し、デフレの時にはむしろ財政赤字を拡大させて、国民経済をバランスさせるというものでした。これをエクルズは「**弾力的予算の原則**」と名づけています。「われわれは、弾力的予算の原則が私的資本主義に必要な保護装置であり、経済の極端なインフレやデフレを緩和するための手段として財政を用いることを学ぶ必要がある[15]」

権力の中央集権化を

一九三三年の上院公聴会における証言で、エクルズは、次のように述べています。

現在の無秩序の経済がもたらした狂った混乱や恐怖のなかで、われわれは、歴史上、これまでにない大胆で勇気ある指導力を必要としています。産業の進化によって、新たな経済哲学、新たな経営の視点そして社会システムの根本的な変化が必要となっています。一九世紀の経済学は、もはや役に立ちません。一五〇年の寿命が終わったのです。自由競争と無制御の個人主義による正統の資本主義システムは、もはや役には立ちません。*16

エクルズの言う「自由競争と個人主義の資本主義システム」とは、本書が「デフレ・レジーム」と呼んできたもののことです。では、それにとって代わるのは、どのようなものか。エクルズは、「政府が上から制御し、規制する修正された資本主義システム」であると述べています。それはいわば「政治化された資本主義」であり、「民主資本主義」と呼ぶべきものでした。

一九三三年の公聴会で、エクルズは、各州に、貧民と失業者の救済のための資金を配分することを提案しています。ある議員から、この提案を正当化する論理を問われると、エクルズは、連邦政府には国家主権があり、通貨発行権を有しているのに対し、州政府はそうではないので、その意味で個人や企業と同じであると答えています。デフレ不況のような事態は、通貨発行権を有する中央政府の集権的な力でしか解決できないというのです。

加えて、彼は、政府による公共事業を実施することや、預金保険制度の創設、あるいは、農産物価格を引き上げるための農産物割当制度も提案しています。

また、エクルズは、第一次世界大戦時の同盟諸国の債務の帳消しを主張して、出席者を驚かせています。この政策について、彼は次のように説明しています。同盟諸国は、アメリカに対する債務を支払うために輸出を拡大しなければならないので、アメリカは、債務を帳消しにしなければ、これらの国々から安価な製品を輸入してデフレ圧力を受けるしかなくなるというのです。

さらにエクルズは、より根本的な制度改革として、連邦準備制度の監督下での銀行システムの統一、資本蓄積の制御のための所得税と相続税の高率化、児童労働、最低賃金、失業保険、老齢者年金について全国レベルの制度の統一、そして国全体の経済活動を調整する国家経済局の創設などを提言しています。

日本では、デフレ不況であるにもかかわらず、中央政府の権限が強すぎてよくないということで、地方分権の構造改革が進められました。しかし、その結果、地方政府の財政は悪化し、地域経済の疲弊《ひへい》は深刻化しています。それにもかかわらず、現在でも、「地域主権」が唱えられ、道州制の導入を求める声すらあります。

これに対し、実践的なエクルズは、建国以来、連邦制の伝統を持つアメリカにありながら、その伝統の固定観念にとらわれることなく、**恐慌を克服するためには中央集権的な権力が必要だ**と考えていました。彼は、**恐慌を戦争と同じように、国全体が一丸となって連帯し、戦うべき問題**とみなしていたのです。

「地方分権」あるいは「地域主権」といった構想は、日本では未来のあるべき国の姿であるかのように語られてきましたが、これもやはり、デフレ・レジームの産物に過ぎなかったのです。

金融政策の本当の目的とは

では、エクルズは、「インフレ・ターゲティング」政策については、どのように考えたのでしょうか。

実は、エクルズは、一九三八年の公聴会において、金融政策の責任者であるFRB議長として証言し、金融政策によってインフレを退治することはできても、デフレ不況を克服することは困難であると述べています。

金融政策を経済安定化のための唯一の要因として見ると、大いに失望することになると私は思います。なぜなら、金融行動のみを通じて、完全な経済の安定を生み出したり、安定的な状態を維持することは可能ではありません。もちろん、インフレの昂進を止めるのに十分な金融引き締めは可能ですが、金融行動によって不況を止めることは非常に難しいのです。[*17]

エクルズは、物価の安定は、必ずしも経済の安定にはつながらないと考えていました。なぜなら、物価は、経済の健全性を示すのに十分な指標ではないからです。エクルズは、世界恐慌前夜の一九二七年後半から二九年の後半、物価はそれほど上昇していなかった一方で、資産価格が高騰し、バブルが起きていたことを指摘しています。

均衡財政それ自体が財政政策の目的ではないように、**物価の安定化それ自体は金融政策の目的ではない。経済政策の目的は、あくまで経済の安定化である。**これがエクルズの一貫した姿勢でした。もしアラン・グリーンスパンが、大先輩のエクルズから、この姿勢を学んでいたならば、二〇〇〇年代の大失策は犯さなかったことでしょう。

なお、第二次世界大戦後、インフレが進むと、エクルズは、インフレを抑制するために、ホワイトハウスや財務省と対立しつつも、ＦＲＢによる国債の購入を制限する財務省との合意（「アコード」）の成立に尽力しています。政策レジームの転換によってデフレからの脱出を成功させたエクルズは、インフレに直面して、再び政策レジームを転換させたのです。

民主政治の再生

もちろん、エクルズの提案がすべて採用されたわけではありません。また、彼自身、確立した理論に従っていたのではなく、自身の観察と実践的な直観に基づいて、試行錯誤をしたのであり、彼の判断が間違っていた場合もありました。たとえば、彼は、一九三六年頃の景気回復を恐慌からの脱出と誤認しましたが、実際には、三七年から再び恐慌に突入しました。したがって、エクルズの提案した政策がどの程度効果を発揮したのかについては、個別の検証が必要な面もあるでしょう。さらに、彼の議論が現代の日本にどの程度当てはまるのかも、考慮しなければなりません。

しかし、エクルズの提唱した政策は、いずれも方向性としては、デフレをインフレへと転換させるものであり、また資本主義の不安定性や政府の役割についての彼の洞察は、理論的にはおおむね正しいものでした。そして何より、エクルズの説得は、ルーズヴェルト大統領をはじめとする政府高官や世論に影響を与え、政策レジームの大転換を果たし、恐慌からの脱出を成功させたのです。

さらに、エクルズは、恐慌を単なる経済問題としてではなく、もっと大きな社会や政治の問題として認識していました。恐慌は、資本主義を危機に陥れるだけではなく、健全な民主政治の基盤である人々の雇用や生活を脅かすものだからです。

主流派の経済学者は、とかく市場のメカニズムを重視し、そのメカニズムの過程で生じる倒産、失業、混乱については、「変化に伴う痛み」であり「改革のためのやむを得ないコスト」であると片づけがちです。しかし、資本主義は、そのような自己調整メカニズムを持っておらず、特にデフレは底なしの悪循環です。そして、**民主主義は、資本主義の不安定化がもたらす痛みに耐えることができません。**

> われわれに欠けていると思われるのは、われわれが望む資本主義的民主政治の本質に関する十分な理解である。われわれは、自由放任の経済システムを維持することはできない。そのような経済システムであったら、政府は受動的であり、自然の成り行

きに任せ、インフレや自己増殖するデフレというともに破壊的な両極端を緩和するために何もしないというものになるだろう。そのような両極端は、仮に自己調整的にいずれ終息するのだとしても、民主政治における人々がそのコストに耐えられるとは私には思えない。[*18]

市場原理主義の教条を信じて、国民に痛みを強いる構造改革論者や経済学者たちは、資本主義そして民主政治の本質を理解していないのです。

エクルズは、アメリカの自由民主主義の伝統を守るためには、政府と産業界は、指導力を発揮して、多くの国民の雇用を全力で守らなければならないと強調しています。人々が恐慌で苦しんでいる時、生活が脅かされている時、民主政治の経済的基盤が揺らいでいる時に、財政赤字の拡大を恐れて政府支出を惜しむなどという考え方を、エクルズは真っ向《まっこう》から否定しています。それは、敵国から国を守るために、戦時国債の発行をためらうなどということはありえないのと同じだというのです。

敵国との戦争から人命を守るために使われるのと同じ政府債務が、平時においては、失意と絶望から人命を守るためにも使われるのである。戦争を戦うための政府の能力には制限がないのと同様に、恐慌と戦う政府の能力にも制限はない。両方とも、**人的資源と物質的資源、頭脳そして勇気のみにかかっている**。*19

第二次世界大戦前夜という当時の時代背景から、エクルズは、恐慌の克服を戦争になぞらえています。現代の日本ならば、東日本大震災からの復興と言うべきでしょう。ところが、日本の政治は、財政赤字の拡大を懸念して、復興費用を出し惜しみ、財源の確保の議論に明け暮れ、ついには消費税の増税までも目指し始めています。私たちはとてつもなく大きな過ちをおかしているのではないでしょうか。

レジーム・チェンジに向けて

平成の「失われた二〇年」を振り返ると、私たち日本人は、「デフレ・レジーム」にのっとった構造改革以外の選択肢をほとんど持っていませんでした。

二〇〇九年の衆院選で、民主党政権が選択されましたが、それは、構造改革以外の選択肢を求める国民の声を反映したものだったように思います。しかし、民主党政権がマニフェストで掲げた新たな選択肢とは、子ども手当や高速道路料金の無料化のような単なる福祉のバラマキ政策に過ぎませんでした。しかも、民主党のマニフェストのなかには、「コンクリートからヒトへ」の標語に象徴されるように、公共投資の削減というデフレ・レジームも混在していました。

そして、鳩山政権の非現実的なバラマキ政策が頓挫《とんざ》するや否や、続く菅政権と野田政権は、消費税の増税やＴＰＰへの参加など、より純化したデフレ・レジームへと回帰していきました。

要するに、日本の有権者は、民主党のマニフェストのような非現実的で一貫性のないバラマキ政策でなければ、「デフレ・レジーム」の構造改革しか、選択肢を与えられていないのです。これでは、日本が閉塞状況に陥るのも当然です。

いずれを選んでも不幸にしかならない政策レジームの選択肢しかなければ、いくら選挙をやって指導者を取り替えたところで、デフレがもたらす閉塞と衰退から逃れることなどできるはずがありません。最近、政権交代や政界再編を睨《にら》んだ政治の動きが活発になっていますが、政治勢力がいくら離合集散を繰り返しても、政策レジームの転換がなければ、これまでの失敗を繰り返すだけに終わるでしょう。

しかし、レジーム・チェンジが起こる予兆もあります。というのも、長期にわたるデフレ不況、リーマン・ショック、欧州債務危機など、デフレ・レジームが自ら崩壊していく様を私たちは目の当たりにしているからです。

もちろん、長年にわたるデフレ・レジームの強固な支配を打ち破り、新たな民主資本主義の政策レジームを樹立することは容易ではありません。レジーム・チェンジが成功するか否かは、私たち日本人の「人的資源と物質的資源、頭脳そして勇気のみにかかっている」のです。

注

＊1 以下のエクルズの生涯に関する記述は、次の文献を参考にしました。小谷野俊夫「連邦準備制度の「中興の祖」マリナー・エクルズの評伝」（その1、その2）、静岡県立大学『国際関係・比較文化研究』4（2）、5（1）、二〇〇六年

＊2 Marriner S. Eccles, Rudolph L. Weissman(ed.), *Economic Balance and a Balanced Budget: Public Papers of Marriner S. Eccles*, NewYork: Harper & Brothers, 1940, p. 58. 以下のエクルズに関する記述は、同文献によります。

＊3 *ibid*., p. 119.

*4 *ibid.*, p. 107.
*5 *ibid.*, p. 5.
*6 *ibid.*, p. 188.
*7 *ibid.*, p. 188.
*8 *ibid.*, p. 98.
*9 *ibid.*, p. 2.
*10 *ibid.*, pp. 176–7.
*11 *ibid.*, p. 192.
*12 *ibid.*, p. 192.
*13 *ibid.*, p. 44.
*14 *ibid.*, p. 4.
*15 *ibid.*, p. 172.
*16 http://fraser.stlouisfed.org/docs/meltzer/ecctes33.pdf (Eccles 1933:706.) 以下の一九三三年公聴会に関する記述は、同文献によります。
*17 Eccles, 1940, pp. 117–8.
*18 *ibid.*, p. 163.
*19 *ibid.*, p. 193. 太字強調は引用者

あとがき

日本では、長きにわたる不況にあえぐなかで、閉塞感が高まっています。実際、この二〇年間、総理大臣は頻繁に代わり、さまざまな改革が実行され、二〇〇九年には新たに民主党政権が成立しました。しかし、デフレからの脱却すらできず、状況はむしろ悪化の一途をたどっています。このため、「誰がやっても同じではないか」「何をやっても無駄ではないか」といった諦めが広まりつつあります。

たしかに、誰がやっても、何をやっても、デフレ不況を克服することはできません。本書が正体を暴いた「デフレ・レジーム」の支配から脱しない限りは。

私たちが閉塞感を覚えるのは、改革が進んでいないからではなく、「デフレ・レジーム」に制約されて、そこから抜け出ることができないからなのです。「デフレ・レジーム」のなかにおける「改革」とは、デフレを引き起こすための処方箋に他なりません。そのような改革を、「閉塞感の打破」と称して実行し続けたのですから、閉塞感がますます高まるのも当然です。栄養不足で体の調子が悪いというのに、「ダイエットは体に良い」という話を信じて、食事の量をさらに減らしているようなものです。

したがって、単に総選挙によって政権を代えるだけでは、日本の危機を克服することはできません。指導者や与党を交代させることではなく、「政策レジーム」を逆転させることが大事なのです。一九三〇年代のアメリカでは、健全財政論者だったルーズヴェルト大統領が、マリナー・エクルズの進言を受け入れ「レジーム・チェンジ」を成し遂げ、世界恐慌からの脱出を果たしたことは、本書の第五章で紹介したとおりです。

しかし、どうも「空気が支配する」と言われるこの国は、これまでの多数派の意見をくつがえすような発想の逆転が苦手なようです。この平成不況の間も、構造改革を求める多数派に抗して、正しい経済政策を説いてきた立派な政治家や優れた経済学者はいました。しかし、世論は、彼ら少数派の意見には耳を貸そうとはせず、それどころか「守旧派」「抵抗勢力」のレッテルを貼って、排除すらしたのでした。

こうした多数派による空気の支配のことを、一九世紀フランスの思想家アレクシス・ド・トクヴィルは、「多数者の専制」と呼びました。まさに平成の日本は、「デフレ・レジーム」という「多数者の専制」に苦しめられてきたのだと言うことができるでしょう。本書が提唱する「レジーム・チェンジ」とは、「多数者の専制」を打倒する革命にほかなりません。

しかし、この恐るべき「多数者の専制」を打ち破る方法など、あるのでしょうか。これについて、トクヴィルは次のように述べています。

それ故に今日では、圧迫される市民でも一つの自衛手段だけはもっている。それは国民全体に訴えることである。そしてもし国民が彼の訴えに耳を傾けないならば、彼は人類全体に訴えればよい。そして彼はこれをなすためには、一つの手段のみをもっている。それは出版である。（A・トクヴィル『アメリカの民主政治』下巻、井伊玄太郎訳、講談社学術文庫、一九八七年、五七〇頁）

というわけで、大それた試みとは思いつつも、私は、国民全体に訴えるべく、出版という手段をとってみることにしたという次第です。その機会を与えてくださったNHK出版の大場旦氏には、深く感謝を申し上げます。

二〇一二年二月

中野剛志

校閲　山本則子
ＤＴＰ　岸本つよし
写真撮影　尾崎　誠

中野剛志 なかの・たけし
1971年、神奈川県生まれ。東京大学教養学部卒業。

エディンバラ大学より博士号取得(社会科学)。

専門は経済ナショナリズム。経済産業省産業構造課課長補佐を経て、
現在、京都大学大学院工学研究科准教授。

イギリス民族学会Nations and Nationalism Prize受賞。

著書に『TPP亡国論』(集英社新書)、『国力とは何か』(講談社現代新書)、

『日本思想史新論』(ちくま新書)、『国力論』(以文社)、

『自由貿易の罠』(青土社)など。

NHK出版新書 373
レジーム・チェンジ
恐慌を突破する逆転の発想
2012(平成24)年3月10日 第1刷発行

著者 中野剛志 ©2012 Nakano Takeshi
発行者 溝口明秀
発行所 NHK出版
〒150-8081東京都渋谷区宇田川町41-1
電話 (03) 3780-3328 (編集) (0570) 000-321(販売)
http://www.nhk-book.co.jp (ホームページ)
http://www.nhk-book-k.jp (携帯電話サイト)
振替 00110-1-49701
ブックデザイン albireo
印刷 光邦・近代美術
製本 三森製本所

Printed in Japan ISBN978-4-14-088373-0 C0233

NHK出版新書好評既刊

総力取材！
食の安心
何をどう守るのか
NHKスペシャル「日本新生」取材班
食品リスクにどう立ち向かうか。放射能除去技術から流通改革、生産者と消費者の融合まで、食への信頼を取り戻すための提言！
370

なぜ日本経済が21世紀をリードするのか
ポスト「資本主義」世界の構図
徳川家広
欧米型金融経済の崩壊後、理想となる経済像とはどのようなものか。資本主義の正体とその変貌を歴史的に読み解き、世界経済の問題点に迫る。
371

〈眠り〉をめぐるミステリー
睡眠の不思議から脳を読み解く
櫻井 武
睡眠研究の第一人者が、不眠病や夢遊病など、眠りにまつわる不思議な生理現象や症例を通して、「睡眠と脳」の謎を解き明かす画期的な一冊。
372

レジーム・チェンジ
恐慌を突破する逆転の発想
中野剛志
積極財政から「大きな政府」まで、脱デフレに向けた政策大逆転を提唱。論壇を席巻する革命児が、小手先の「改革」を超えた変革のビジョンを説く！
373

リバウンドなし！
覚悟の片付け
阿部絢子
自分で問題を発見し、改善策を講じ、決断するから後戻りしない！ 家事研究の第一人者が送る、人生を豊かに前向きに生きるための片付け法。
374